ÜBER DAS BUCH:

Das »Koka Shastra« und die hier mit ihm verbundenen Texte bedeuten für die mittelalterliche Literatur Indiens, was das Kama Sutra in der frühen Literatur war. Die wissenschaftlich fundierte Übersetzung von Alex Comfort bildet die Grundlage dieser Ausgabe der im deutschen Sprachraum bisher meist unveröffentlichten Texte.

Sie umfaßt dabei eingehende Erläuterungen und eine Einführung in das Wesen der indischen Erotik. Im praktischen sowie kulturellen Gehalt ist diese Sammlung einzigartig. Dem allgemein interessierten Leser gibt sie intimste Einsichten in das indische Lebensgefühl und in den Schatz der hohen Erfahrung, die die Sexualität als ein positives Gut wertete und sexuelle Aktivität als ein Teil des moralischen Lebens.

DER AUTOR:

Dr. med. Alex Comfort, geboren 1920 in London. Studium der Medizin und Humanbiologie. Weltweit anerkannter Sexualforscher und Mitbegründer der Gerontologie. Verfasser zahlreicher Sachbücher und Romane, u. a. »Joy of Sex«, »More Joy of Sex« und »Göttlicher Nero« (alle bei Ullstein erschienen). Lebt und arbeitet in Kent.

Alex Comfort
TANTRA OF SEX

Mit 8 Abbildungen

Ullstein

Ratgeber
Ullstein Buch Nr. 35298
im Verlag Ullstein GmbH,
Frankfurt/M – Berlin
Titel der englischen Originalausgabe:
The Koka Shastra
and other medieval indian writings on love
Aus dem Englischen übersetzt von
Waldemar Kabus

Neuausgabe

Umschlagentwurf:
Friedemann Porscha
Unter Verwendung einer
Abbildung von Superbild, Berlin
(© Petra Loewen/Superbild)
Alle Rechte vorbehalten
Die englische Originalausgabe erschien
bei George Allen & Unwin, London
Deutsche Erstausgabe 1968 by
Hans E. Günther Verlag, Stuttgart
© dieser Ausgabe 1993 by Verlag Ullstein GmbH,
Frankfurt/M – Berlin
Printed in Germany 1993
Gesamtherstellung:
Clausen & Bosse, Leck
ISBN 3 548 35298 7

Juni 1993

Gedruckt auf Papier
mit chlorfrei gebleichtem Zellstoff

Die Deutsche Bibliothek –
CIP-Einheitsaufnahme

Tantra of sex/Alex Comfort. [Aus dem Engl.
übers. von Waldemar Kabus]. – Neuausg. –
Frankfurt/M; Berlin: Ullstein, 1993
(Ullstein-Buch; Nr. 35298:
Ratgeber: Partnerschaft)
Einheitssacht.: The Koka Shastra and other
medieval Indian writings
on love <dt.>
ISBN 3-548-35298-7
NE: Comfort, Alex [Hrsg.]; EST; GT

INHALT

VORWORT von W. G. Archer 7

EINFÜHRUNG
Allgemeines 41
Die späteren Texte 82

DAS KOKA SHASTRA
Anrufung 105
Über die Körpertypen und die richtigen Zeiten . . 107
Über den Mondkalender 110
Die Körpertypen nach ihren
Geschlechtsmerkmalen 114
Alter, Temperament und Veranlagung der Frauen . 119
Über die Frauen je nach Sitte und Gegend 125
Umarmungen 128
Vom Küssen 130
Über Liebesmale 132
Der Coitus und seine Stellungen 134
Über Liebesschläge und Liebesschreie 141
Brautwerbung 144

Über Ehefrauen 147
Beziehungen zu fremden Frauen 150
Über Liebeszauber und Rezepte 162

ANMERKUNGEN
Zur Einführung 165
Zum Koka Shastra 167
Zu den Tafeln 186

VORWORT
Von W. G. Archer

1

Im Jahr 1882 gründeten Sir Richard Burton und F. A. Arbuthnot in London die Kama Shastra Society. Ihr Zweck war es, die »erotischen Schriften der Hindus« zu veröffentlichen. Unter den ersten Texten, die herausgegeben wurden, befand sich die klassische Schrift aus dem indischen Mittelalter »Ananga Ranga« oder »Stage of the Love-God«. Das Buch wurde im 16. Jahrhundert von dem indischen Dichter Kalyan Mall verfaßt. Es stellte eine feinsinnige und in die Einzelheiten gehende Abhandlung über Liebe und Sex dar. Während der Jahre 1868 bis 1879 – in dieser Zeit arbeitete Arbuthnot als indischer Verwaltungsbeamter in Bombay – war das Buch in Indien noch sehr populär. Arbuthnot glaubte, daß es zur Übersetzung geeignet sei und das englische Publikum über das sexuelle Leben in Indien aufklären könnte. Burton war damit einverstanden, und um das Jahr 1869 machte sich Arbuthnot an die Arbeit. Indische Gelehrte halfen ihm. Dabei erhielt er zwei entscheidende Hinweise. Sie nannten ihm Vatsyayana als größte Autorität auf diesem Gebiet und zitierten respektvoll sein altes Buch. Im Jahr 1872 ging Arbuthnot auf Urlaub. Als er 1874 nach Indien zurückgekehrt war, begann er unverzüglich nach der klassischen Schrift Vatsyayanas zu forschen. Angeblich war keine Sanskrit-Bibliothek vollständig, wenn sie nicht ein Exemplar dieses Werkes besaß. Dennoch dauerte die Suche danach viel länger, als man bei dieser Behauptung hätte annehmen dürfen. Schließlich wurde ein Exemplar gefunden. Es war das Kama Sutra und stammte etwa aus dem 3. Jahrhundert n. Chr. – die früheste und gründlichste Abhandlung über Liebe und Sex, die in Indien geschrieben worden war. Wieder setzte sich Arbuthnot mit Gelehrten zusammen. Er schuf eine Übersetzung. Und diese Version, die von Burton stilistisch bearbeitet wurde, bildete die erste Veröffentlichung der neuen Gesellschaft.

Aber damit war Arbuthnots Arbeit noch nicht getan. Vom Altertum ging er zum Mittelalter über. Das Ergebnis war die Entdeckung einer ganzen Reihe von indischen Schriften über Sex. Die späteste davon war das Ananga Ranga. Die früheste Schrift war Ratirahasya, »Die Geheimnisse Ratis, Gattin des Liebesgottes«. Sie war bekannt als Koka Shastra – die Schrift Kokas – und war im 12. Jahrhundert von einem Dichter namens Kokkoka verfaßt worden. Wie das Ananga Ranga behandelte es in Einzelheiten Stellungen beim Coitus, Formen des Liebesspiels und die Methoden, wie man die Leidenschaft einer Frau befriedigte. Burton und Arbuthnot übersetzten es nicht. Bei der Erforschung des Lebens in Indien waren sie zufällig auf ein Buch gestoßen und begnügten sich damit, es im Zusammenhang mit anderen erotischen Texten zu zitieren. Sie fragten nicht nach dem speziellen Inhalt der einzelnen Schriften, worin sie sich vom Kama Sutra unterschieden oder wie sie sich in die indische Tradition einfügten. Für sie bedeuteten sie nichts anderes als Bücher, die einen »Teil des Volkslebens« darstellten und eines Tages dem Leser helfen konnten, Indien besser zu verstehen. Auch konnte jeder Ehemann des viktorianischen Zeitalters davon profitieren. In einer Fußnote zu der Definition des Ananga Ranga über die Frau, die äußerst leicht verführt werden kann – »jene, die niemals die wirkliche Wonne der fleischlichen Vereinigung kennengelernt hat« – schrieben sie: »erlauben wir uns festzustellen, daß es bei den meisten englischen Frauen der Fall ist und durch ständiges, einsichtsvolles Studium der Schrift Ananga Ranga behoben werden kann«.

Heutzutage ist die Bedeutung dieser Texte viel größer. Es liegt eine gewisse Ironie darin, daß es trotz ihrer Entdeckung durch die beiden britischen Gelehrten Burton und Arbuthnot dem Deutschen Richard Schmidt vorbehalten blieb, sie zu übersetzen und zu analysieren. Eine weitere Ironie liegt darin, daß das Koka Shastra bis heute warten mußte, um ins Englische übersetzt zu werden, und daß es ein englischer Dichter und Arzt ist, der die Initiative dazu ergriff. Die Verzögerung ist aber geradezu ein Glücksfall, denn in Dr. Alex Comforts Version erfährt das Koka Shastra jene feinfühlige Behandlung, die es benötigt. Dr. Comfort ging mit dem Original nicht nur verständnisvoll und geschickt um, sondern sein zartes, lebensvolles Englisch gibt auch die feine Poesie des Originals wieder. Seine Übertragung setzt die Pionierarbeit auf dem Gebiet der indischen Kultur fort, die von Burton und Arbuthnot begonnen wurde und den Leser dazu befähigt, erstmals die Bedeutung dieses klassischen indischen Textes zu ermessen.

2

Das mittelalterliche Indien ist nicht das des Altertums. Das Koka Shastra ist nicht das Kama Sutra. Jede Diskussion über das Koka Shastra muß von diesen beiden Feststellungen ausgehen, denn nur so können wir seine wahre Bedeutung erfassen.

Das Kama Sutra war im dritten Jahrhundert nach Christus verfaßt worden. Sein Autor beanspruchte nicht, es geschaffen zu haben. Er stellte nur vorhandenes Weistum zusammen. Sein Buch galt als maßgeblich, und keiner schrieb in den nächsten etwa tausend Jahren etwas Gleichwertiges. Es war die klassische Abhandlung über Liebe und Sex in Indien.

Im zwölften Jahrhundert griff Kokkoka auf das Thema zurück, und gerade die Kühnheit dieses Schrittes beeinflußte dessen Behandlung. Das indische Leben war nicht mehr das von ehedem. Ein neuer Weg mußte beschritten werden, und doch lassen einen schon die ersten Seiten erkennen, daß wir einen neuen Abriß des klassischen Werkes vor uns haben, eher von einem Geistverwandten als von einem Epigonen verfaßt. Wie der spätere Autor des Ananga Ranga bezieht sich Kokkoka ehrfürchtig auf den »Begründer unserer Wissenschaft«. Er blickt zurück auf Vatsyayanas Werk, wie die Renaissance auf die alten Griechen schaute.

Trotz der veränderten Verhältnisse in Indien kann sich Kokkoka nie ganz von dem Gefühl befreien, daß in der Schrift Vatsyayanas die letzte Weisheit ausgedrückt worden sei, daß er fast, wenn nicht sogar gänzlich, das letzte Wort gehabt habe. Deswegen berichtet er über die Prinzipien seines Meisters und unterscheidet dabei dessen eigene von denen zweier anderer Autoren, aus denen er geschöpft hatte. Danach erst kann er auf sein eigentliches Thema eingehen – auf Liebe und Sex in seiner Zeit. »Dieses Werk«, so erklärt er, »wurde allein von dem Dichter Kokkoka verfaßt, um die Wißbegier Seiner Exzellenz Vainyadatta über die Liebeskunst zu befriedigen.« Und er schließt: »Mit Eifer wurde dieses Buch von Kokkoka zur größeren Freude aller Liebhaber geschrieben.« Wir müssen die Frage stellen: Wer waren diese Liebhaber? Wie betrachteten sie das Koka Shastra? Welche Rolle spielte Kokkokas Buch im mittelalterlichen Indien?

Kokkokas Liebhaber waren offensichtlich sehr verschieden von denen des Vatsyayana. Das alte Indien des Kama Sutra war heiter und glücklich. Es ähnelte der Stammesgesellschaft im modernen Indien – dem der Santals, Uraons und Nagas. Die Frauen bewegten sich frei in der Öffentlichkeit und lebten nicht abgeschlossen. Junge Männer machten den Mädchen den Hof. Heirat war normal, manchmal als Mehrehe. Voreheliche Liebeserfahrung war üblich, ebenso außerehelicher Verkehr. Kurtisanen wurden sehr bewundert, aber auch andere Frauen hatten Liebesabenteuer. Vatsyayana hielt es für lohnend, diesen eine gewisse Ausführlichkeit zu widmen, und es ist bemerkenswert, wie wenige Gruppen von Frauen wirklich ausgeschlossen blieben. Mit Frauen aus höheren Kasten als der des Mannes oder mit jenen der gleichen Kaste, wenn sich nicht bereits andere ihrer erfreut hatten, war sexueller Verkehr streng verboten. Mit gewissen anderen, meinte er, »solle man sich nicht vergnügen«, aber es war eher ein Rat als ein strenges Verbot. Einige wurden aus hygienischen und ästhetischen Gründen ausgeschlossen – Frauen, die lepra- oder geisteskrank waren, schlecht rochen, zu weiß oder zu schwarz waren. Andere wurden durch charakterliche Fehler ausgeschlossen – eine Frau, die sich von ihrer Kaste abwandte, eine, die Geheimnisse verriet, eine, die so geil war, daß sie »öffentlich ihr Verlangen nach Geschlechtsverkehr ausdrückt«. Mit einigen, wie mit nahen Verwandten und »weiblichen Freunden« – Mädchen, mit denen der Mann in der Kindheit herangewachsen war – könnte Sex gesellschaftlich zu peinlich sein. Ebenso sollte eine Frau, die ein asketisches Leben führte, gemieden werden – vielleicht deshalb, weil diese Lebensweise ihr Zauberkraft verleihen und Verkehr mit ihr gefährlich sein könnte. Aber abgesehen von diesen Fällen und unter Berücksichtigung eines speziellen Kodex für Ehebruch war Sex im alten Indien ganz außergewöhnlich frei.

Als Vaharamihira im sechsten Jahrhundert n. Chr. das Brihat Samhita oder Vollständige System der Naturastrologie zusammenstellte, beschrieb er auch das zeitgenössische Leben, es wurde beherrscht, so glaubte er, von Planeten, Sternen, Mond und Sonne, und ihnen waren die jährlichen Veränderungen zuzuschreiben. Doch die Grundlage war bemerkenswert konstant.

»In einem Jahr, das vom Mond beherrscht wird, ist der Himmel mit Wolken bedeckt. Sie sind dunkel gefärbt wie Schlangenhaut, Augensalbe und Büffelhorn, ähneln Bergen, die sich fortbewegen, erfüllen die Erde mit reinem Wasser und die Luft mit einem tiefen Klang, so daß sich ein zartes, sehnsüchtiges Empfinden erhebt. Die Wasserflächen sind mit Lotosblüten und Wasserlilien bedeckt, die Bäume blühen und Bienen summen in den Parks. Die Kühe geben reichlich Milch. Verliebte entzücken unaufhörlich ihre wonnigen Buhlen durch Liebesspiele. Die Herrscher gebieten über eine Erde, reich an blühenden Städten, an Weizen, Reis, Gerste und Zuckerrohr, während sie mit Scheiterhaufen besät von den Schreien großer und kleiner Opfertiere widerhallt.«

In einem Jahr, das der Planet Venus beherrscht, »ist die Erde bedeckt mit Reis und Zuckerrohr, denn die Felder sind gut bewässert durch den Regen, der aus Wolkengebirgen niederging, und durch die zahlreichen Zisternen, die schöne Lotusblüten schmücken. Die Erde funkelt wie eine Frau, die in neuem Schmuck erstrahlt. Die Herren des Landes vernichten ihre mächtigen Feinde. Die Guten erfreuen sich des Daseins, und die Bösen werden niedergeworfen. Im Frühling wird viel Wein in Gesellschaft herziger Liebchen geschlürft, zärtlicher Gesang ertönt zu Flöte und Laute, Feste werden gefeiert mit Gästen, Freunden, Verwandten, und Jauchzer sieghafter Liebe ertönen in einem Jahr, über das Venus gebietet.«

Wenn wir diese Ausführungen auf das Kama Sutra beziehen, werden wir an das alte Rom der Kaiserzeit erinnert. Auch dort herrschen sich überschneidende Gesetze vor – ein Kodex für Ehe, einer für Beziehungen außerhalb der Ehe, und bei allem besteht ein intensiver Kult von Liebe und Sex.

Noch in anderer Hinsicht sind das alte Indien und das alte Rom sich seltsam ähnlich. Die römische Gesellschaft nahm Ehebruch als Gegebenheit hin, und es wurde gar nicht der Versuch gemacht, ihn mit römischer Ethik oder Religion in Einklang zu bringen. So benahmen sich die Römer. Vatsyayana beschritt fast denselben Weg. Ehebruch war im alten Indien eine Tatsache. Er war eine der vielen Arten der Liebeserfüllung. Obwohl es mehrere Vorbehalte gab, wurde darüber ruhig und vernünftig diskutiert. Er sollte niemals leichtfertig und nicht mit Frauen von Verwandten, Brahmanen und Königen begangen werden. Unter gewissen Umständen ergaben sich jedoch keine Schwierigkeiten. Wenn Ehebruch dazu führen konnte, daß eine Frau ihren Ehemann beeinflußte, und wenn der Liebhaber aus geschäftlichen oder sonstigen Gründen Einfluß auf den Ehemann gewinnen mußte, beging man ihn selbstverständlich. Es gab mindestens dreizehn derartige Umstände, und Vatsyayana erklärte sie alle sorgsam und geduldig. »Aus diesen und ähnlichen Gründen«, hieß es da, »darf man sich zu den Ehefrauen anderer Männer begeben.«

Verführungen dieser Art sind nichts weiter als Berechnung. Tatsächlich gibt es einen Sinn in dem, was Vatsyayana mit kühlem Verstand festlegt. Wenn er auch für logisches Verhalten ist, so nimmt er dennoch davon Abstand. Er sieht ein, daß leidenschaftliches Begehren – Begehren der wahnsinnigsten und unvernünftigsten Art – die Vernunft überwältigen kann. Unter solchen Umständen galt die Intensität als entscheidender Faktor. Wenn die »Liebesleidenschaft« so groß war, daß der Verliebte vor Verlangen außer sich war, vermochte nur der Ehebruch sein Leben zu retten. Wenn ein Mann merkte, daß seine Liebe zu einer verheirateten Frau ständig an Intensität zunahm, nicht mehr nur das Auge, sondern auch die Gedanken beschäftigte, schließlich zu »ständigem Grübeln, Schlaflosigkeit, Abzehrung des Körpers, Abwendung von allem, was bisher Freude bereitete, zu Verlust des Schamgefühls, zu Wahnsinn, Dahinsiechen wurde, und endlich mit dem Tod« drohte – dann blieb keine Alternative.

Wir begegnen in der Tat einer Auffassung, die in mancher Hinsicht erstaunlich modern ist. Denis de Rougemont hat in »Leidenschaft und Gesellschaft« eindringlich die Auffassung vertreten, daß »Liebesleidenschaft« fatal ist. Anstatt aber den Ehebruch zu rechtfertigen, geht er das Problem von der entgegengesetzten Seite an. Um das Leben zu retten, argumentiert er, sollte »Liebesleidenschaft« vermieden werden.

»Liebe und Tod, eine verhängnisvolle Liebe – in diesen Begriffen ist, wenn auch nicht die gesamte Poesie, so doch mindestens das von ihr, was volkstümlich ist, enthalten. Alles, was in der europäischen Literatur allgemein rührt, älteste Legenden und zarteste Lieder. Glückliche Liebe wird nicht Geschichte. Eine Romanze wird nur aus einer verhängnisvollen Liebe, aus ihrer Verdammnis durch das Leben selbst. Was die Dichter reizt, die Schwingen zu regen, ist weder das Entzücken der Sinne noch die Zufriedenheit eines beständigen Paares. Auch die Erfüllung der Liebe ist es nicht, sondern ihre Leidenschaft. Leidenschaft bedeutet Leid. Darin liegt eine fundamentale Tatsache.

Unsere Begierde nach Romanen und Filmen mit ihrer immer gleichen Handlung, die idealisierte Erotik, die unsere Kultur und Erziehung durchdringt und die Leitbilder unseres Lebens liefert: unser Verlangen nach einer ›Flucht aus der Wirklichkeit‹, das durch den Stumpfsinn einer mechanisierten Welt noch verschlimmert wird – alles in und um uns glorifiziert die Leidenschaft. Daher ist die Aussicht auf ein leidenschaftliches Erlebnis zur Verheißung eines erfüllteren und intensiveren Lebens geworden. Wir betrachten Leidenschaft als eine verwandelnde Macht, als selige Glut – jenseits von Freude und Qual. Bei »Leidenschaft« beachten wir nicht mehr das, was ›Leiden schafft‹, sondern nur noch die Sensation. Und doch ist Liebesleidenschaft ein wirkliches Unglück. In dieser Hinsicht haben sich die Sitten seit Jahrhunderten nicht geändert, und die Gesellschaft neigt immer noch dazu, bei leidenschaftlicher Liebe in neun von zehn Fällen zum Ehebruch zu treiben. Zweifellos können Liebhaber zahlreiche Ausnahmen anführen. Doch die Statistik ist unerbittlich und widerlegt unsere poetische Selbsttäuschung.

Können wir so verblendet sein, können wir so ›mystifiziert‹ sein, daß wir wirklich den unseligen Aspekt der Leidenschaft vergessen haben, oder ist es so, daß wir im Innersten unseres Herzens zu etwas hinneigen, das scheinbar unser Ideal eines harmonischen Daseins erfüllt, etwas, das uns peinigt und dennoch erhebt? Man lasse mich auf diesen Widerspruch näher eingehen, wenn es auch unangenehm erscheinen muß, denn es droht bloßzustellen, was wir lieber nicht sehen möchten. Zuzugeben, daß leidenschaftliche Liebe gleichbedeutend ist mit Ehebruch, heißt auf einer Tatsache zu beharren, die unser Liebeskult sowohl verheimlicht als auch entstellt. Es zeigt auf, was bei diesem Kult verheimlicht, unterdrückt und nicht beim Namen genannt wird, so daß wir uns Freiheiten erlauben, die wir niemals als unser Recht beanspruchen sollten. In der eigentlichen Weigerung des Lesers, anzuerkennen, daß Leidenschaft und Ehebruch gemeinhin in der zeitgenössischen Gesellschaft nicht zu unterscheiden sind, haben wir einen ersten Hinweis auf das Paradoxon, daß wir nun Leidenschaft und Unglück nur dann wünschen, wenn wir nicht zuzugeben brauchen, daß wir sie in dieser Form gewollt haben.« Soweit Denis de Rougemont in seinem oben genannten Buch.

Im alten Indien waren Liebe und Tod in gleicher Weise vermischt. Aber man verhielt sich genau umgekehrt. Ehebruch mochte Unglück bedeuten, doch genauso konnte Unglück den Ehebruch sanktionieren. Ehebrecherische Liebe war »fatal« – aber nur, wenn sie unterdrückt werden mußte. Deshalb machte Vatsyayana in der Praxis große Konzessionen. Ein Mann und eine Frau brauchten sich nur zu verlieben – von einer überwältigenden Leidenschaft ergriffen zu werden – damit ihre Lage »fatal« wurde. Wenn das geschah, waren alle Kontrollen und Einschränkungen aufgehoben. Tatsächlich besteht ein seltsamer Gegensatz zwischen Vatsyayanas Schrift, die zur Vernunft rät, und ihrem Autor, der das Leben sieht, wie es ist. Das Leben schloß im alten Indien außereheliche Liebe ein. Das Leben im alten Indien hatte sein eigenes Gesetz. Es war viel vitaler als jede Theorie. Die Wirklichkeit setzte sich über alle Vorschriften hinweg. Es führte dazu, daß eine Anzahl Seiten im Kama Sutra alle Einzelheiten behandelt, wie man am besten eine verheiratete Frau verführt – wenn man vom Fieber der Leidenschaft erfaßt ist. Natürlich waren gewisse verheiratete Frauen zur Verführung bereit, und der Liebhaber brauchte nur einige augenfällige Regeln zu befolgen, um bis zum Überdruß lieben zu können. Vatsyayana kommt tatsächlich immer wieder darauf zurück, daß Liebe und Sex mit Moral nichts zu tun haben, jenseits der Ethik stehen und ihre eigene Rechtfertigung besitzen. Da heißt es: »Ein weiser Mann, der Wert auf seinen Ruf legt, sollte nicht daran denken, eine Frau zu verführen, die furchtsam oder schüchtern ist, der man nicht trauen kann, die gut behütet wird und vom Schwiegervater oder von der Schwiegermutter beherrscht wird.« Aber die Folgerung ist klar. Angenommen, die verheiratete Frau ist nicht in der genannten Weise behindert, so darf der Liebhaber die Affäre zu ihrem logischen Ende führen. Entsprechend lautet auch die sachliche Zusammenfassung: »Ein natürliches Verlangen, das durch künstliche Mittel gesteigert wird und dem man durch weises Verhalten jede Gefahr nimmt, wird stetig und sicher. Ein kluger Mann, der sich auf seine Geschicklichkeit verläßt und sorgsam die Gedanken und Vorstellungen der Frauen beobachtet und die Ursachen für ihr abweisendes Benehmen gegenüber Männern beseitigt, hat bei ihnen im allgemeinen Erfolg.«

Eine derartige Philosophie über Liebe und Sex – wir könnten sie fast als entzückenden Opportunismus definieren – gehörte zum alten Indien. Aber hier müssen wir auf einen wichtigen Punkt hinweisen. Sie lag nicht im Widerstreit mit der Religion. Religion oder Dharma erstrebte nicht die unmittelbare Vereinigung mit Gott. Sie war eher eine Art öffentlichen Verhaltens, die Befolgung von Riten, eine Reihe von Festen, ein Kodex von Geschenken und Opfern. Dadurch erlangte man »Verdienste«. Das Leben selbst bestand aus einer langen Reihe von Geburten und Wiedergeburten, und das letzte Ziel lag, ob im Buddhismus oder brahmanischen Hinduismus, in der Befreiung vom Leben und im völligen Eingehen in Gott. Das war kaum auf einmal zu erreichen. Jedes Leben brachte einen Menschen diesem Ziel näher oder ferner. Seine Handlungen in diesem Leben beeinflußten den Ausgangspunkt des nächsten Lebens. Wenn er rechtschaffen lebte, also die eigentlichen Riten gewissenhaft befolgte, erlangte er eine bessere Situation bei der nächsten Wiedergeburt. Auf diese Weise gelangte er stufenweise zur letzten Befreiung. Rechtschaffenes Leben aber – und das ist ein entscheidender Punkt – schloß die Liebe nicht aus. Es hatte mehr mit den Aspekten des Lebens zu tun als mit Sex. Es bedeutete Vermeidung der »Sünde«. Aber »Sünde« bedeutete mehr ein Vergehen gegen die Reinlichkeit als gegen das Sittengesetz. Nur wenn Sexualität »Befleckung« mit sich brachte, war sie »Sünde«. Eine solche »Sünde« konnte bei »verdienstvollen Taten« nachgelassen werden, und wenn ein Mensch trotz aller Verfehlungen viele Verdienste hatte, so konnte er eine höhere Stufe erreichen und seine Aussichten am Ende verbessern. Unter gewissen Umständen konnte er sogar eine Gnadenfrist im Himmel erreichen, eine zeitliche Belohnung für Dharma, das er in einem früheren Leben erfolgreich ausgeübt hatte.

»Meistens besteht das Ideal des Inders, vor allem das eines Kriegers, darin, daß er mit Tausenden lieblicher Frauen in der Blüte der Jugend, während sie ihn mit verlangenden Lotusaugen ansehen, ihre runden Arme um seinen Hals schlingen, ihre schwellenden, festen Brüste an ihn drücken, sich geschlechtlich vereinigen – Frauen, die ihre üppigen Hüften und Schenkel wie Bananenstämme an seinen Leib pressen, die ihm Lippen, rot wie Bimbafrucht, bieten, damit er mit seinen daran sauge, und daß sie im Geschlechtsakt erglühen, nicht nur empfangen, sondern auch geben.« (J. J. Meyer, Sexual Life in Ancient India, London 1952.)

Tatsächlich wird der Himmel nicht nur von überirdischen Schönheiten bewohnt, damit man sie dort genieße, sie können auch auf die Erde herabbefohlen werden. Und das Ramayana enthält eine sehr lebendige Schilderung, wie ein Rishi oder heiliger Mann Bharatas Armee begrüßt, als sie den verbannten Rama abholt.

»Aus Indras Paradies rief er herab den ganzen Schwarm der Apsarases und aus anderen Himmeln noch mehr göttliche Frauen. Zwanzigtausend dieser wundervollen Schönen wurden gesandt von Brahma, zwanzigtausend von Kubera, zwanzigtausend von Indra, sogar die Lianen des Urwalds verwandelte der Yogi in entzückende Frauen. Sieben oder acht von diesen reizenden Geschöpfen bedienten jeden Krieger, meist waren diese verheiratet, beim Bad, boten ihnen berauschende Getränke und die Blütenbecher ihrer göttlichen Leiber dar.« Wahrhaftig, nichts konnte die Grundeinstellung des alten Indien besser illustrieren. Sex und Religion sind nicht nur zwei verschiedene Dinge, unter gewissen Umständen stellen Liebe und Sex sogar eine Belohnung für »religiöses« Leben dar.

3
Zu diesem milden, sinnlichen Regime stand das mittelalterliche Indien in scharfem Gegensatz. Das Lebensziel war noch das gleiche. Es galt, der Kette von Geburten und Wiedergeburten zu entgehen. Aber die Lebensbedingungen waren nun viel härter. Starre Prinzipien waren aufgekommen. Die Moral war straffer. Alles war strenger.

Das erste Gebiet, auf dem sich die neuen strengeren Ansichten offenbaren, ist die Ehe. Ein mittelalterlicher Text, das Brahma Vaivarta Purana, läßt über die Rolle der Ehefrau keine Zweifel. »Eine keusche Frau dient ihrem Gatten, der Quelle ihrer eigenen Würde. Für eine keusche Frau ist der Gatte ein Freund und Gott. Sie ist hilflos ohne ihn. Er stellt ihr ganzes Glück dar. Nur der Gatte, die Quelle ihrer Tugend, ihres Glücks, ihrer Befriedigung, Ruhe und Ehre, kann ihren eifersüchtigen Stolz beschwichtigen und ihr wahre Würde verleihen. Von allem, was eine Frau auf Erden preisen kann, ist der Gatte das Höchste. Er ist ihr bester Freund. Er erhält sie, beschützt sie, gibt ihr Wohlstand, ist der Herr ihres Lebens und beglückt sie. Keiner ist einer Frau teurer als der Gatte. Ein

Sohn ist ihr teuer, denn er ist der Sprößling ihres Gatten. Der Gatte ist einer Frau teurer als hundert Söhne. Eine schlechte Frau, die die Vorzüge ihres Gatten nicht anerkennt, begibt sich auf den Pfad des Bösen. Waschungen in allen heiligen Wassern, Einweihung in alle Zeremonien, Askese, Gelübde und Spenden aller Art, Fasten, Verehrung des Meisters und der Götter und andere schwierige Riten erreichen nicht den sechzehnten Teil des Wertes der Verehrung, die eine Frau ihrem Gatten entgegenbringt.«

Daraus folgt, daß Keuschheit die höchste Tugend der Frau ist, und die Verfasser des Brahma Vaivarta Purana wettern nicht nur gegen eine unkeusche Frau, sondern spenden auch einer keuschen Frau übertriebenes Lob.

Es wird kaum überraschen, daß unter solchen Umständen Ehebruch als das verruchteste Vergehen angeprangert werden sollte. Er trotzt nicht nur dem so beredt proklamierten Ideal, sondern spottet auch der Gesellschaft, die immer größeren Wert auf »Reinheit« legt, in ihrer intimsten Sphäre. Aus zwei Gründen ist er ein Verbrechen gegen den Gatten. Er verletzt seine Stellung und, was noch schlimmer ist, befleckt ihn zeremoniell. Deshalb drohen dem Ehebrecher schreckliche Strafen.

»Wer auch immer die Gemeinschaft einer Frau genießt, die einem anderen Mann gehört, wohnt in der Hölle, von der es heißt, daß sie andauere wie der Faden der Zeit, solange Sonne und Mond existieren. Eine schlechte Frau ist zu heiligem Akt vor den Manen oder Göttern nicht tauglich. Der Gatte verliert Würde und Wert, wenn er sie umarmt. Brahma selbst hat gesagt, daß Brandopfer oder Wasserspenden, die ein solcher Mann darbringt, die Götter oder Manen nicht zufriedenstellen. Deshalb behüten wissende Männer sorgsam ihre Frauen; sonst verfallen sie der Hölle. Ein Weib und ein Kochgefäß sollten immer sorgfältig behütet werden, denn sie sind gesegnet durch die Berührung ihres Besitzers und werden durch die anderer entweiht. Eine Frau, die ihren Gatten betrügt, wird der Hölle überantwortet, solange Sonne und Mond scheinen. Die Schergen Yamas (des Totengottes) quälen sie dort, und sie versucht ständig, ihren Peinigern zu entfliehen. Stets fressen Würmer, so groß wie Schlangen, an ihr. Ihre Bisse lassen sie vor Pein aufschreien, aber sie kann nicht sterben. Um eines Vergnügens willen, daß nur ein paar Minuten dauert, büßt die Elende ihren guten Ruf in dieser Welt ein und wird danach der Hölle übergeben. Deshalb setzen Tugendhafte alles daran, ihre Frauen vor den Blicken anderer zu verbergen. In einem Wort, jene Frau ist wahrlich gesegnet, die nicht einmal von den Strahlen der Sonne berührt wird. Eine schlechte Frau, die sich der Aufsicht durch ihren Gatten entzieht, ähnelt in all ihren Zügen einer Sau.« Im alten Indien hätte kein Autor seinen Widerwillen so bündig ausgedrückt oder es auf so krasse Weise getan.

Wenn Frauen moralisch sein mußten, so sollten es auch die Männer sein, und in der mittelalterlichen Religionsauffassung war menschliche Tugend diejenige Gottes selbst. Um das sechste Jahrhundert stellten sich die Hindus Gott als Trinität vor. Sie bestand aus Brahma, dem Schöpfer, Vishnu, dem liebenden Erhalter, und Shiva, dem Erzeuger und Vernichter. Dadurch, daß man unmittelbar an Vishnu und Shiva herantrat – indem man ihren Namen anrief, Gebete sprach, Opfer darbrachte – führte ein Mensch nicht nur ein besseres Leben, sondern das Leben selbst wurde besser. Bis zum indischen Mittelalter hatte Vishnu sich neunmal inkarniert. Er war Fleisch geworden, hatte auf Erden gewohnt, Dämonen getötet und den Rechtschaffenen geholfen. Seine frühen Inkarnationen beschäftigen uns hier nicht, aber seine siebente, Rama, bildet die religiöse Grundlage für den stark moralisch gefärbten Kodex, den wir eben besprochen haben. Rama ist die Verkörperung der Tugend. Er ist die Moral. Er beachtet die Vorschriften des Dharma. Er ist das Modell eines Königs mit einer Mustergattin, Sita. Als Sita von einem Dämon entführt wird, sucht er nach ihr, bis er sie findet. Aber man darf die Moral nicht nur selbst respektieren, man muß auch darauf achten, daß sie respektiert wird. Obwohl Sita entführt wurde, bewahrte sie tatsächlich ihre Reinheit. Ramas Untertanen konnten es nicht glauben, denn die besondere Lage ließ Keuschheit in ihren Augen unmöglich erscheinen. Unter Berücksichtigung der neuen Moral entläßt Rama deshalb Sita – wobei er gegen die menschliche »Güte« verstößt, aber mächtig das geläufige Ideal von Ehe und Reinheit unterstützt. In Ramas Gestalt, dem »moralischen Mann«, dem »idealen Heros«, wandte sich Vishnu ausgesprochen an das mittelalterliche Indien, denn seine Verehrung schloß nicht nur die Liebe zu Gott, sondern auch zum Sittengesetz ein.

Eine so strenge Lebensordnung, eine so herausfordernde Verleugnung der Sinne brachte eine Reaktion hervor. Wenn die Gesellschaft von starren Anschauungen geleitet wird, wenn Sex mit Abscheu betrachtet wird außer bei streng moralischem Vollzug, so erzeugt gerade diese Unterdrückung eine Revolte. Im mittelalterlichen Indien entwickelte die Religion selbst gewisse Kulte und Sekten, die so etwas wie einen Ausgleich schufen. In diesen Kulten wurde leidenschaftlicher Hingabe direkter Ausdruck verliehen, und dem Sexuellen widerfuhr mystische und symbolische Auslegung.

Ein erstes Anzeichen für diese Gegentendenz ist der Kult Krishnas, des göttlichen Liebhabers. Nach Rama war Krishna als achte Inkarnation Vishnus erschienen. Seine Aufgabe war es, Dämonen zu erschlagen und die Rechtschaffenen zu ermutigen. Er wurde als Prinz geboren, wuchs aber nicht in fürstlichen Kreisen auf, sondern unter Hirten. Während der kurzen Idylle seiner Jugend liebte er alle jung verheirateten Frauen. Er spottete über Opfergaben, erniedrigte Indra, den herkömmlichen Herrn der Götter und überlistete die Brahmanen (oder die offizielle Priesterschaft) der Stadt Mathura, indem er ihre Frauen dazu verleitete, sich mit ihm gegen den Willen ihrer

Ehegatten zu treffen. Unter den Hirtinnen hatte er eine besondere Geliebte, Radha, und seine Liebe zu ihr und den anderen Hirtinnen schloß auch jenes »Verbrechen« ein, gegen das im Brahma Vaivarta Purana gewettert wurde. Tatsächlich ist diese Purana angesichts eines so herausfordernden Bruches mittelalterlicher Sitten bestrebt, den Leser davon zu überzeugen, daß Krishnas Liebe zu Radha überhaupt nicht ehebrecherisch war – daß die beiden in Wirklichkeit von Ewigkeit her miteinander vermählt waren. Diese Beweisführung ist ganz und gar nicht überzeugend, denn die eigentliche Bedeutung von Krishnas Romanze mit Radha liegt darin, daß dabei Liebe vor Pflicht geht. Vishnu bringt als Krishna ein neues Element in die indische Religion – ein Element, das dem Ramas extrem entgegengesetzt ist. Wenn Liebe bisher nichts mit Religion zu tun hatte, so wird sie jetzt zu deren Kern. Die Liebe Krishnas oder Vishnus – verzückte Verehrung der heiligen Gestalt und des Namens – konnte dem Frommen sofortige »Befreiung« eintragen. Sie unterbrach den mühevollen Vorgang von Geburten und Wiedergeburten, das qualvolle Emporklimmen von Stufe zu Stufe. Es war ein Gnadenakt, das Geschenk der Erlösung, göttliche Belohnung nicht für rechtschaffenes Leben, sondern für Liebe und Verehrung.

Derartige Liebe war nicht sexuell, aber sexuelle Liebe kam ihr analog am nächsten. Im sechsten Jahrhundert wurde Krishnas Geschichte in das Vishnu Purana aufgenommen, wobei aber ihre volle Bedeutung unterdrückt wurde. Im zehnten Jahrhundert wurde sie in der Bhagavata Purana ausführlicher erzählt und, wenn auch Radhas Name ausgelassen wurde, so fanden doch Krishnas sexuelle Vergnügungen mit den Hirtinnen Aufnahme. Erst im zwölften Jahrhundert – als Kokkoka seine Abhandlung schrieb – wurde der latenten Bedeutung der Geschichte klarer Ausdruck verliehen. Der Sanskritdichter Jayadeva erwähnt nicht nur Radha, sondern rückt sogar ihre Romanze mit Krishna in den Mittelpunkt seiner großen Dichtung, der Gita Govinda. Ihre Liebe ist durchaus geschlechtlich, wird aber hier als mystische Allegorie betrachtet. Radha, die Krishna verehrt, ist die Seele, die Gott verehrt. Anbetung ist die höchste Form von »Verdienst«. Im Geschlechtsrausch gibt es ein Gefühl der Selbstaufgabe, und diese ist ein Symbol für das Aufgehen der Seele in Gott. In der Liebe zu Gott sollte der Liebende also nicht nur eine mystische Erfahrung durchmachen, sondern die Erlösung erlangen. Während das mittelalterliche Indien romantische Liebe aus dem Leben verdrängte, beschäftigte sich die indische Religion mit dem Ehebruch.

Die gleiche »Annektion« des Geschlechtlichen durch die Religion spiegelt sich wider in der Anbetung Shivas. Im Gegensatz zu dem milden, gütigen Vishnu wurde Shiva als ein seltsames, unbeständiges Wesen betrachtet, voll launischer Raserei, verantwortlich für alles, was plötzlich und unerwartet geschah, ein Zerstörer und gleichzeitig Erzeuger. Zu seiner Verehrung gehörten wie bei der Vishnus tägliche Gebete, die aber eher Unheil abwenden und Wohltaten erflehen sollten, als daß sie auf die Erlösung abzielten. Shiva anzubeten war unmöglich. Man konnte sich im Leben höchstens auf seine wilden asketischen Praktiken einstellen und gute Miene zum bösen Spiel machen. Sein Idol war ein Phallus oder lingam, der in der yoni steckte, dem weiblichen Organ, und die Kraft des Symbols gab dem Geschlechtlichen eine neue Bedeutung. Durch die Verehrung des lingam gebaren kinderlose Frauen manchmal Kinder, und Männer erhielten Einsicht. Neben dem Kult Shivas beschäftigten sich auch andere Kulturen mit der sexuellen Symbolik. Die geheime Macht im Universum wurde mitunter als weiblich angesehen, sogar als mütterlich, und im Kult der Shakti wurde das Weibliche geheiligt als Inkarnation des Mütterlichen. Die Ekstase der Sinne wurde auch identifiziert mit »Auslöschung«, und bei manchen Nebenkulten Shivas war deren Intensität der Schlüssel des Gottesdienstes. Diese Kulte wurden von geheimen Gesellschaften ausgeübt. Sie kannten auch Geschlechtsakte, aber gerade ihre Verbreitung beweist, wie weit sich das mittelalterliche Indien von dem heiteren, sorglosen Zustand im frühen Indien entfernt hatte.

Dieses neue Aufwallen kam in mittelalterlichen Tempeln und Skulpturen zum Ausdruck. Gewöhnlich waren die Tempel Vishnu selbst oder Shiva vorbehalten. Sie glichen einem Palast, in dem, bedient von Göttern und Tanzmädchen, Vishnu und Shiva majestätisch Hof hielten. Skulpturen verstärkten den Eindruck. Reihe um Reihe erklommen Skulpturen von Göttern vermischt mit schönen Mädchen die Tempelfassade – wobei jedes Mädchen mit seiner Schlankheit und geraden Haltung das Gefühl des Erhobenseins verstärkte, das der emporstrebenden Linie des Baus entsprang, während ihr sexueller Reiz auf den Rausch der Vereinigung mit Gott hindeutete. In diesem erotischen Element ging man bisweilen noch weiter, und Liebende wurden sogar als Skulpturen beim Akt der Vereinigung abgebildet. Ihre Stellungen passen nicht, wie Dr. Comfort andeutete, zu denen, die entweder Vatsyayana oder Kokkoka beschrieb, und wir können sie nur durch zwei Hypothesen erklären. Ihre seltsame, ja geradezu unmögliche Akrobatik – in Khajuraho steht der Liebende sogar auf dem Kopf – gibt ihnen den Anschein verworrener Phantastik. Es ist so, als hätte das Gekünstelte und Extravagante einen besonderen Wert erlangt, als könnte nur durch Unerhörtes, Anomales sexuelle Raserei erlangt werden. Genau wie eine Zeit nervöser Überspanntheit, kulturellen Unbehagens die Ursache für die Manieriertheit in der Kunst des Westens gewesen sein mag, so muß wohl im mittelalterlichen Indien jene fieberhafte Sexualität aufgekommen sein.

Von einem zweiten Gesichtspunkt aus könnten die stehenden Liebenden auch auf dem Rücken liegen, wurden jedoch aus architektonischen Gründen so dargestellt, als ob sie sich in der Vertikalen befänden. Rückenlage oder horizontale Ausführung und Komposition würden von der aufstrebenden Linie des Tempels ablenken. Solche Abbildungen würden zu »femininen« Bauten passen wie zum Jefferson Memorial in Washington oder zur National Gallery in London, Gebäude, deren flache Linien eine runde, brustähnliche Kuppel tragen und deren maskuline Teile in der Nähe errichtet wurden – wie die Nelsonsäule oder das Washington-Denkmal. Im mittelalterlichen Indien waren die Tempel in ihrem Wesen männlich. Ihre Türme waren wie Lingams. In der Skulptur wurden also die Liebenden in ihrer vertikalen Stellung dieser Auffassung angepaßt. Stellt man sich aber im Geiste die gleichen Figuren liegend vor, so ist das, was bisher wild und phantastisch wirkte, wieder ganz konventionell.

Diese Skulpturen können eine doppelte Rolle gespielt haben. Wenn im frühen Indien der Sexus als an sich edel betrachtet wurde, so deshalb, weil der sexuelle Rausch in der Analogie der ewigen Glückseligkeit am nächsten kam. Es zeigte, wie es um die indische Religion stand. »Bei der Umarmung seiner Geliebten vergißt ein Mann die ganze Welt – alles innerhalb und außerhalb von ihr; wer in der gleichen Weise sein Selbst umarmt, kennt weder ein Innen noch ein Außen.« Diese Worte stammen aus einem alten Text, dem Brihadaranyaka Upanishad, aber sie fassen den gesamten Weg indischen Denkens zusammen. Bei dem mittelalterlichen Zug zu heiterer Gleichsetzung haben Liebespaare eine klare und unzweideutige Aufgabe. Gleichzeitig aber gibt die Tatsache, daß Sex öffentlich und religiös ist – daß den Paaren manchmal von anderen Mädchen geholfen wird –, daß es etwas Ungewöhnliches und Anomales ist, ihnen eine zweite Funktion. Hier wird Sex in verwegener Preisgabe vorgeführt, Sexuelles, das in solcher Offenheit Romanze und Leidenschaft zu veranschaulichen scheint. Was der Zeitgeist verdammt, wird in Skulptur und Religion dargestellt.

4

Für eine derartige Gesellschaft wurden die erotischen Bücher im indischen Mittelalter, das Koka Shastra und das Ananga Ranga geschrieben. Sie spiegelten das Leben wider, wie es nun war. Sowohl in ihrer Person als auch in ihrer Einstellung sind die »Liebhaber« etwas völlig Neues. Für glühende Verführer und Abenteurer gab es nun wenig Spielraum. Männer und Frauen trafen sich nicht mehr gesellschaftlich. Voreheliche Werbung gab es nicht. Der Platz der Frau war im Haus, und dort wurde sie ständig bewacht. Schon als junges Mädchen, bereits als Kind, wurde sie verheiratet, noch ehe sie überhaupt die Pubertät erreicht hatte. Die Romanze war aus ihrem Leben verbannt, und an ihre Stelle war eine immer stärkere Betonung der weiblichen Pflichten getreten. Für den sehr Mächtigen oder sehr Reichen mochte sexuelle Abwechslung noch möglich sein. Aber sie wurde eher durch die Heirat vieler Frauen erreicht, durch Konkubinen oder bezahlte Tanzmädchen und Prostituierte als durch freizügiges Abenteuer. In Mandu, in Zentralindien, schuf im 15. Jahrhundert ein Khilji-Herrscher eine ganze »Frauenstadt«, indem er 15 000 Frauen an seinen Hof brachte. Im 16. Jahrhundert verliebte sich dann sein Pathan-Nachfolger, Prinz Baz Bahadur, in eine Hindu-Kurtisane namens Rupmati. Ihre Romanze war so frei wie im alten Indien – die beiden Liebenden ritten nachts miteinander aus und blickten sich in die Augen. Eine derartige Romanze war so anomal, daß sie später einen legendären Schimmer erhielt. Vom 18. Jahrhundert an wurden Baz Bahadur und Rupmati in der indischen Malerei als lebendiges Beispiel einer Romanze porträtiert, als Zeitgenossen, die mit den Liebhabern in der Dichtung rivalisierten. Nur ein Verhältnis, das der üblichen Sitte so sehr widersprach, konnte eine solche Berühmtheit erlangen, im mittelalterlichen Indien herrschten sonst ganz andere Normen vor. Wir gelangen damit zu einer überraschenden Feststellung. Sowohl im Koka Shastra als auch im

Ananga Ranga finden wir von dem Liebhaber des alten Indien nichts mehr wieder. Die Männer, für die diese Bücher geschrieben wurden, waren nicht Liebhaber, sondern Ehegatten.

Diese Absicht wird im Ananga Ranga mit aller Klarheit festgehalten. »Keiner hat bisher ein Buch geschrieben, um die Trennung eines verheirateten Paares zu verhindern und zu zeigen, wie sie ihr Leben lang vereinigt bleiben können. In Anbetracht dessen (heißt es beim Autor) empfand ich Mitleid und verfaßte diese Schrift.« Sex außerhalb der Ehe war ein Unglück, und um seine Hauptursache zu bekämpfen – »das Verlangen nach Abwechslung« und »die Eintönigkeit als Folge des Besitzes«, erklärt er, wie »der Gatte bei seiner Frau Abwechslung finden und mit ihr leben kann, als hätte er zweiunddreißig verschiedene Frauen. Der abwechslungsreiche Genuß macht Überdruß unmöglich.« Und er schließt: »Wenn Gatte und Gattin in bestem Einvernehmen miteinander leben als eine Seele in einem einzigen Leib, werden sie in dieser Welt und in der kommenden glücklich sein. Ihre guten und mildtätigen Handlungen werden der Menschheit ein Beispiel sein. Friede und Harmonie werden ihre Erlösung bewirken.« Er führt dann all die Faktoren auf, von denen Sex in der Ehe abhängt. Immer wieder betont er, daß das Bedürfnis der Frau nach »Fleischeslust« vorherrscht und der Gatte nur beglückt sein kann, wenn die Frau befriedigt wird. Das Ananga Ranga ist eine Ehemanual und nicht ein Handbuch für Liebhaber.

Und doch befand sich sein poetischer Autor ganz offensichtlich einer seltsamen Lage gegenüber. Romanzen mochten eine Seltenheit sein. Sie mochten sogar für die Ehe schädlich sein. Doch die Gesellschaft mußte glauben, daß sie nichtsdestoweniger vorkommen konnten. In dieser Hinsicht war das mittelalterliche Indien tatsächlich dem modernen Frankreich ähnlich. Es heißt ja, daß die Franzosen in Liebschaften, in abenteuerlichen Romanzen, sehr erfahren seien, überhaupt in einer Menge von außerehelichen Vergnügungen. So jedenfalls möchten die gehemmten, puritanischen Briten die Franzosen gern sehen. Die Wirklichkeit wird von einer Französin in der Zeitschrift ›The New Statesman‹ angedeutet: »Auf die Frage ›Was braucht eine Frau, um glücklich zu sein?‹ antwortete nicht eine einzige Französin ›Einen guten Job‹. Und eine noch überraschendere Tatsache ist die, daß unter vier nicht eine antwortete: ›Liebe ist zum Glück notwendig‹, Liebe bedeutet für sie«, fügt sie hinzu, »so etwas wie Gefahr, Poesie, Leidenschaft, Romanze – sie interessieren nur, wenn andere sie erleben, wenn sie in Magazinen, Filmen und Büchern unbeteiligt genossen werden können. Von Bedeutung für die Französinnen ist nicht die Erfahrung der Liebe, sondern die Feststellung, daß es sie überhaupt gibt.«

Damit auch das mittelalterliche Indien sich vergewissern konnte, daß es Liebe noch geben könnte, schloß der Autor des Ananga Ranga einen Kompromiß. Im Zusammenhang mit der Ehe als dem einzigen wahren Ziel, belebte er aufs neue den romantischen Teil des Kama Sutra, aber mit einem Unterschied. Wie Vatsyayana beschreibt er, welcher Frauentyp am ehesten zur Verführung geneigt ist, wie Vermittler helfen können und wo der Liebeshandel fortgesetzt werden sollte. Er beschreibt es, lehnt es aber gleichzeitig ab. Er schätzt die Chancen gering ein und betont, was verboten ist. Sogar sein Stil ist verschieden. Wo das Kama Sutra neutral und objektiv bleibt, ähnelt das Ananga Ranga mitunter dem Brahma Vaivarta Purana in seinen krassen Schmähungen. »Folgende Frauen sind absolut und unter allen Umständen vom Umgang auszuschließen. Die Frau eines Brahmanen, eines Kenners der Veden, eines Priesters, der das heilige Feuer unterhält, und eines Puranik (Leser der Puranas). Eine solche Frau bedeutsam anzuschauen oder an sie mit sinnlichem Verlangen zu denken, ist höchst ungehörig. Was aber sollen wir erst von der Sünde fleischlicher Vereinigung mit ihr halten? Genauso befinden sich Männer auf dem Weg zur Hölle, wenn sie dem Weib eines Königs oder eines Mannes aus der Kriegerkaste beiwohnen, oder dem eines Freundes oder Verwandten. Der Autor des Buches warnt streng davor und befiehlt seinen Lesern, alle diese Todsünden zu vermeiden.« Schließlich zählt er noch weitere vierundzwanzig Frauentypen auf, deren man sich, wie er sagt, »niemals erfreuen sollte, wie sehr ein Mann auch in Versuchung gerate.« Vatsyayana hatte nur zwei angeführt.

Ebenso gibt es ein strenges Verbot bestimmter Zeiten und Orte. Mit wenigen Ausnahmen darf ein Mann nicht bei Tage oder am Abend lieben, sondern darf es nur nachts tun. Er darf weder bei zu heißem noch bei zu kaltem Wetter lieben. Nur der Frühling und die Regenzeit blieben dafür übrig. Er durfte nicht lieben, wenn er Fieber hatte, von der Reise übermüdet war, einen religiösen Ritus zu befolgen hatte, oder bei Neumond. »Die Folgen des Beischlafes sind zu diesen Zeiten genauso verhängnisvoll, wie wenn der Akt an einem verbotenen Ort stattfände.«

Bestimmte Plätze sind ebenfalls untersagt. Der Dichter belegt insgesamt vierzehn mit dem Bann, unter ihnen jene »am Ufer eines Flusses oder eines murmelnden Baches, an einer Straße, im Wald, an einem offenen Platz, etwa auf einer Wiese oder einem Plateau, ebenfalls im Hause einer anderen Person. Die Folgen fleischlicher Vereinigung an solchen Stellen sind immer unheilvoll.« Einige Orte bleiben freilich immer noch, aber es sind sehr wenige. Wenn Kalyan Mall einen Ort zum Lieben beschreibt, so läßt er von seiner Neigung zum Realismus ab und zitiert bloß das Kama Sutra. »Der folgende Ort ist es, den weise Männer des Altertums als am besten geeignet für den Geschlechtsverkehr mit Frauen genannt haben.« Und er beschreibt das luxuriöse Haus eines Städters mit all seinen eleganten Vorzügen. Von derartigen Gelegenheiten gab es im mittelalterlichen Indien nur wenige. Diese Passage war also weiter nichts als ein Rückblick auf ein längst vergangenes Ideal.

Ebenso erwarten den Ehebrecher Mißbilligung und Drohung. Das Kama Sutra hatte den klassischen Fall dargelegt, in dem Ehebruch nicht nur erlaubt, sondern sogar notwendig war. Es geschah dann, wenn ein Mann so sehr verliebt war, daß er durch nichts anderes sein Leben retten konnte. Im Ananga Ranga wird diese Stelle zitiert, aber als ein Unglück angesehen. »Sieben Arten des Kummers gibt es, der entsteht, wenn man mit der Frau eines anderen Mannes verkehrt hat. Erstens verkürzt Ehebruch die Lebensdauer; zweitens, der Körper wird geist- und kraftlos; drittens, die Welt verspottet und tadelt den Liebhaber; viertens, er verachtet sich selbst; fünftens, sein Wohlstand verringert sich; sechstens, er leidet sehr in dieser Welt; und siebentens, er wird noch mehr leiden in der Welt, die kommt.« Er mag sein Leben retten, aber um den Preis »der Schande, der Ungnade und der Schmach«. Das Kama Sutra war weit toleranter und menschlicher gewesen.

Am Ende ist es nur Sex innerhalb der Ehe, was das Ananga Ranga in Wirklichkeit schildern kann. Dafür hat sein Autor ständig Bewunderung. Tatsächlich ist es bezeichnend dafür, wie weit das mittelalterliche Indien ging, indem es die Frauen in vier Typen gemäß ihrem Temperament und ihrer physischen Veranlagung einteilte, daß es für jede eine Analogie der Erlösung besaß – von Moksha oder der Befreiung von weiterer Seelenwanderung. »Das Wort Frau«, sagte er, »Nari, was soviel heißt wie Nicht-Ari oder Nicht-Feind; und von solcher Art ist Moksha oder Vertieftsein, weil alle es lieben und es die ganze Menschheit liebt.« Die padmini oder »Lotus-Herrin« ist entsprechend »Schwert-Befreiung« oder Auflösung in den Essenz der Gottheit. Die chitrini oder »Ebenbild-Herrin« ist »wie jene, die als Götter inkarniert worden sind und mannigfaltige und wunderbare Werke vollbringen«. Sie ist »Nähe der Gottheit, geboren in der Gegenwart Gottes«. Die shankhini oder »Seemuschel-Herrin« gleicht der Gottheit »an Leib und Gliedern – gleich wie der Mann, der an seinem Leib als Zeichen Vishnus die Muschel trägt, den Diskus und andere Embleme dieses Gottes.« Die hastini oder »Elefanten-Herrin« ist »das Wohnen im Himmel eines besonderen Gottes. Sie ist das, was Wohnen in Vishnus Himmel für jene der vierten Klasse bedeutet, die Attribute und Vermögen haben, Form und Gestalt, Hände und Füße.« In dieser Schrift erscheint das Sexuelle so, als ob es eine Wiederbelebung verschiedener Methoden der Erlösung wäre, eine Form der Religion. Was der Sexus in der Ehe an Leidenschaft verloren hat, gewann er als geistiges Mysterium hinzu.

5

Die gleiche Einstellung kennzeichnet das Koka Shastra. Kokkoka benutzt natürlich keine metaphysischen Begriffe oder stattet jeden Frauentyp mit kosmischer Bedeutung aus. Die große Apotheose der Frau soll erst noch kommen. Aber er weiß ganz genau, wie das Leben ist – was praktisch ist, und was nicht. Er befaßt sich damit, wie aus dem Sexuellen das Beste gemacht werden, wie man es genießen und eine Frau glücklich werden lassen kann. Ebenso nimmt er wie sein gelehrter Vorgänger als selbstverständlich an, daß der Geschlechtspartner das Weib sein wird. Und um des Weibes willen belehrt er seine Liebhaber über die vier Frauentypen, erzählt ihnen, wie sie den Orgasmus herbeiführen können und wie das Gelingen des Geschlechtsaktes von der Verschiedenheit der Organe, des Temperaments und der Disposition abhängt. Frauen, das weiß er, sind überall anders. Die Sitten sind örtlich verschieden. Das alles muß ein Ehemann berücksichtigen. Im übrigen hat seine Aufzählung von Umarmungen, Küssen, Liebesmalen, Liebesschlägen, Liebesschreien und sexuellen Stellungen nur ein Ziel – die Kunst des Liebesaktes zu verbessern. Sex ist aber nichts ohne Zartheit, und da er auf physische Einzelheiten anspielt, drückt er sich poetisch aus. Das Koka Shastra ist kein Prosawerk. Es ist vom Kama Sutra sehr verschieden. Es ist weder derb, noch allzu deutlich. Kokkokas Darstellung hält mit nichts zurück, aber sein Stil bringt alles charmant und heiter. Sein Werk liest sich nicht wie ein Arztbuch. Man gewinnt durch es völlig neue Einsichten.

Dieser belebende Einfluß dehnt sich auch aus auf die Art, wie er das Thema »leidenschaftliche Liebe« behandelt. Freilich ist hier der Liebhaber zum Ehemann geworden, aber das Verschwinden der Romanze, der Verlust des Abenteuers ist etwas, womit Kokkokas Ehemänner noch ausgesöhnt werden müssen. Sie sind in dieser Hinsicht nicht anders als die von Kalyan Mall. Deshalb bezieht sich das Koka Shastra wie das Ananga Ranga teilweise auf das alte Indien. Obwohl die »gute alte Zeit« vorbei war, hatte sie doch Spuren in den Sitten und Bräuchen hinterlassen, und diese zeichnete Kokkoka sorgfältig auf. Er beschreibt unter anderem, wie Umarmungen bei plötzlichen kurzen Begegnungen möglich sind. »Wenn ein Mann unterwegs eine Frau trifft und es ihm gelingt, ihren Körper zu berühren« – so lautet ein Beispiel. »Wenn sie zusammen in einer Prozession gehen oder im Dunkeln und ihre Körper berühren sich eine beträchtliche Weile, dann ist es die Umarmung durch Reibung. Wenn einer den anderen gegen eine Mauer drückt, so wird es die Umarmung durch Pressen.« Selbst im mittelalterlichen Indien konnten diese zufälligen Begegnungen mitunter vorkommen. Ebenso mochte Verführung, wenn auch nicht so leicht, unter gewissen abnormen Umständen möglich sein. Er führt verschiedene Gruppen von Frauen nach ihrem Alter auf, wobei er bemerkt, daß eine, die zwischen sechzehn und dreißig ist, »auf Geschenke von Juwelen« reagiert, und daß eine alte Frau – »eine über fünfzig« – durch höfliche Worte und »durch Heiratsversprechen« gewonnen werden kann. Er würde so etwas kaum erwähnen, wenn abenteuerliche Begegnungen völlig außerhalb der Regel wären. Übrigens verlegt er außerehelichen Verkehr in die Vergangenheit – er behandelt das, was einst war, als ob es noch sein könnte. Zu diesem Zweck erweitert er die Liste der möglichen Umarmungen bei gelegentlichen

Begegnungen. Je intimer sie aber werden, um so unwahrscheinlicher wirken sie. Kokkoka sagt nicht, wie oder wann sie der Liebhaber anwenden kann. Vielleicht wußte er es nicht einmal. Alles, was er sagen kann, ist: »Für zwei, die ihre Liebe einander noch nicht erklärt haben, gibt es vier Umarmungen, durch die sie ihre Empfindungen zeigen können. Für jene aber, die bereits die Liebe genossen haben, wurden von den Alten acht Umarmungen anerkannt, durch die das Verlangen schneller herbeigeführt werden kann.« Nicht die übliche Gepflogenheit ist es also, sondern die »einer längst vergangenen Zeit« ist es, die ihn zu glühenden Ausblicken anregt.

In ähnlicher Weise bildet er gewisse Passagen des Kama Sutra nach, wobei er in die eintönige Gegenwart antiken Nervenkitzel einfließen läßt. Er beschreibt Dinge, durch die eine Frau »sittlich verdorben« werden könne. Vatsyayana hatte sie ausführlich behandelt, aber so, wie das alte Indien war, gehörten sie damals zum alltäglichen Leben. Wenn eine Frau durch gewisse Dinge »sittlich verdorben« werden konnte, dann nur deshalb, weil außerehelicher Sex anwendbar war. Im Gegensatz hierzu sagt Kokkoka: »Unabhängigkeit, zu langes Zusammenleben mit den Eltern, Teilnahme an öffentlichen Festen, zu freies Benehmen in männlicher Gesellschaft, Leben im Ausland, zu viele mannstolle Freundinnen, Fehlschlag in ihrer eigenen Liebesangelegenheit, ein zu alter Gatte, Eifersucht und Reisen – das alles sind Dinge, durch die eine Frau ruiniert werden kann.« In Wirklichkeit war nichts davon im mittelalterlichen Indien üblich, aber ihre bloße Erwähnung entzündete die Phantasie.

Die Faszination, die vom Kama Sutra ausging, wird noch deutlicher in dem Abschnitt, der die Vorbereitungen für das Liebeserlebnis schildert. Kalyan Mall konnte im Ananga Ranga nicht umhin, Vatsyayanas idyllische Beschreibung aufzunehmen. Und vor ihm durfte Kokkoka sie ebenfalls nicht auslassen. Er beschreibt den »hell erleuchteten, mit Blumen geschmückten Raum, den Weihrauch, die schönen Tücher, die lebhafte Unterhaltung, die zärtlichen Liebkosungen« – all die Arrangements eines »Städters«, wenn er eine erfahrene Herrin willkommen heißt. Was aber im alten Indien Wirklichkeit war, ist nun romantisches Ideal. Solch ein Liebhaber – abgesehen von den wenigen Reichen – war nun genauso unmöglich wie seine Herrin.

Derselbe phantastische Zug charakterisiert Kokkokas letztes Kapitel über Beziehungen zu fremden Frauen. Wie in der Bibel das Neue Testament das Alte Testament nicht völlig verdrängen kann, sondern sich oft darauf bezieht, als auf einen Hort alten Wissens, so nimmt Kokkoka vieles auf, das längst überholt ist. Er weiß, daß es nicht mehr angewendet wird, aber es gehörte zur Praxis im Altertum. Man kann mit Sehnsucht und Erregung darauf zurückblicken. Er läßt sogar die altehrwürdige These nicht aus, daß es auf Leben und Gesundheit allein ankommt und unter gewissen Umständen »Liebesleidenschaft« befriedigt werden muß, »um das Leben zu retten«. Seine Einstellung unterscheidet sich gar nicht sehr von der eines modernen Kritikers. »Fremde Liebe«, hat Sir Herbert Read gesagt, »ist romantische Liebe, leidenschaftliche Liebe, und keiner könnte sich ihrer ganz besonderen Hinneigung zum Unglück mehr bewußt sein als Shakespeare. Aber er verdammt sie nicht ohne weiteres: für diese Leidenschaft, wie für alle anderen menschlichen Empfindungen, ist er der Zuschauer, und sein eigener Wunsch besteht immer nur darin, daß er dabei freie und duldsame Gedanken hegt. Seine eigenen Verstrickungen in die leidenschaftlichen Wechselfälle der Liebe mögen aus seinen Sonetten hergeleitet werden, die an sich schon, von aller sonstigen Dichtung abgesehen, für immer unsere menschliche Nachsicht bei diesem verhängnisvollen Gefühl rechtfertigen würden. Ich möchte mich nicht in einer Frage dunkel ausdrücken, wo die Kritiker der romantischen Literatur sich so deutlich geäußert haben. Wenn ich ihre Moral richtig verstehe, würden sie Shakespeares Sonette (ganz zu schweigen von Tristan und all der Dichtung und Musik, die mit diesem Namen verbunden sind) als ziemliche Verirrung ansehen, wenn die Einrichtung der Ehe in ihrer Reinheit bewahrt werden könnte. Meiner Meinung nach hat Shakespeare empfunden, daß das Leben im biologischen Sinn unabhängig, wenn nicht gar feindselig allen Moralgesetzen gegenüber ist; obwohl er bestimmt behauptet hätte, daß das Leben, wenn es lebenswert sein soll, ständig nach einer Verfeinerung der Ideale und Bestrebungen drängt, würde er doch hoch über alle vitalen Triebe die Dichtung gestellt haben. Was auch immer ihre heilige Flamme nährt, ist selbst geheiligt und steht jenseits unserer Begriffe von Gut und Böse.« Eine solche Auffassung läuft seltsam parallel mit der indischen, und Kokkoka mag bei der Eingliederung gewisser Passagen in sein Werk – solche der Leidenschaft und des intensiven Empfindens – die vitale und stimulierende Rolle der Poesie im Sinn gehabt haben.

Die gleiche Anschauung erklärt auch, wie Liebe und Sex in der indischen Malerei behandelt wurden. Vom 14. bis zum 19. Jahrhundert – in der Blütezeit der indischen Miniaturmalerei – wurde weniger der Geschlechtsakt selbst in der Malerei illustriert, als es die Probleme des idealen Liebhabers wurden. Stellungen beim Coitus, wie sie Koka Shastra analysiert, wurden manchmal illustriert, und solche Abbildungen wurden oft als das Koka Shastra selbst bezeichnet. Besonders in Orissa wurden Serien dieser Stellungen mit einem Griffel auf Palmblatt graviert. Sie wurden nicht Büchern entnommen, wenn man sie auch oft »Koka Shastra« nannte. In neuerer Zeit wurden in Orissa auch Versionen, die als »Brautbücher« bekannt waren, im dörflichen Stil gemalt. Alle diese Bücher besaßen nur eine lose Beziehung zum eigentlichen Koka Shastra. In der Tat wichen sie manchmal ganz grundlegend von seinen Stellungen ab, ließen welche aus und fügten andere hinzu. Ähnliche bebilderte Serien waren in Rajasthan allgemein bekannt – im

Stil von Jodhpur – und in den Bergen des Punjab bei Kangra und Guler. Als Lord Auckland Anfang des 19. Jahrhunderts Nahan im Staat Sirmur besuchte, fand er, daß der Radscha viele solche Bilder hatte, mit denen er seine Gesellschaft ergötzte, wenn die Damen gegangen waren. Serien dieser Art wurden auch mit höfischem Niveau gemalt. Sie wurden auch zum Privatvergnügen hergestellt, für die Intimität des Schlafzimmers. Trotz ihrer Eignung als Aphrodisiakum war ihre Verbreitung gering im Vergleich mit anderen, weniger erotischen Texten. Im 17. und 18. Jahrhundert wurden Serien mit Haltungen beim Coitus im volkstümlichen, provinziellen Mughal-Stil wiedergegeben, wobei der Künstler seiner Phantasie in akrobatischen Möglichkeiten freien Lauf ließ. (Zwei Serien dieser Art werden im Fitzwilliam Museum, Cambridge, aufbewahrt.) Es war auch nicht ungewöhnlich, Kaiser, Radschas und Vornehme bei der Paarung darzustellen. Solche Porträts erniedrigten die abgebildeten Personen nicht. Vielmehr bestätigten sie ihre Mannhaftigkeit. Sexuelle Potenz wurde bei einem Herrscher als notwendig angesehen wie Geschicklichkeit auf der Jagd oder im Krieg. Damit war erwiesen, daß er ein Mann war. Das Ausmaß der Verbreitung dieser Porträts muß noch geklärt werden, aber man kann mit ziemlicher Sicherheit annehmen, daß auf ihnen – genau wie bei den Werken westlicher Künstler – Liebende in der Vereinigung dargestellt wurden. So war fast jeder indische Prinz einmal beim »Akt des Lebens« porträtiert worden.

Bilder dieser Art behandelten den unmittelbaren Geschlechtsakt, und darin entsprachen sie dem Koka Shastra. Noch öfter aber wurde eine Szene der Vereinigung in Bilderreihen aufgenommen, die sonst ganz andere Aspekte der Romanze illustrierten. Wenn deren Höhepunkt herannahte, schreckte der Maler so wenig vor dem »wirklichen und echten Ziel der Liebe« zurück, wie es der Dichter tat. Held und Heldin haben sich gefunden, ihre Freude ist »endlos«, und sie drücken ihr

Glück durch eine leidenschaftliche Vereinigung aus. Jayadevas große Dichtung von Radha und Krishna, die Gita Govinda, ist ein solcher Fall. Am Ende des Dramas vereinigen sich Radha und Krishna. Die Dichtung wurde in Basohli im Punjab im Jahr 1730 und nochmals in Kangra um das Jahr 1780 verschwenderisch illustriert. Beide Versionen enthalten über hundertzwanzig Bilder. Davon befassen sich mehr als hundert mit den verschiedenen Phasen der Romanze. Kaum zehn zeigen Radha und Krishna beim Liebesakt. Dabei sind die angenommenen Stellungen so normal, daß wir wahrscheinlich eine allzu unmittelbare Verbindung mit irgendeinem Buch ausschließen müssen. Das Koka Shastra basierte ja trotz des Einflusses vom Kama Sutra her auf den Stellungen beim Coitus, wie die Inder sie ausführten. Die indische Dichtung schöpfte aus derselben Quelle. Wenn also Radha und Krishna beim Geschlechtsakt gezeigt werden, so bezog sich der Künstler dabei ebenso auf das Leben selbst wie auf das Koka Shastra.

Die Bilder von Kangar stellten den sexuellen Akt mit Würde und Charme dar. Die Maler bildeten Sex ab und nahmen dann mit müheloser Leichtigkeit bei der Vereinigung der Liebenden rhythmische Poesie hinzu. Sex war dabei nicht ihr Hauptanliegen. Es waren vielmehr die Liebenden selbst – die verschiedenen Phasen ihrer Romanze, an denen ihnen lag. In Rajasthan und im Punjab zeigten Künstler ständig liebende Frauen – wie sie zu einem Stelldichein eilten, wie sie den Liebhaber erwarteten, wie sie dahinwelkten, wenn er fernblieb. Sie hatten nichts mit der durchschnittlichen indischen Frau gemein. In gewisser Hinsicht – in Feinheit, Schönheit, Erziehung – mochten sie den Bewohnerinnen eines Herrscherpalastes ähneln. Diese waren oft der Gipfel aristokratischen Charmes. Ihr Benehmen war es – ihre Hingabe an die »leidenschaftliche Liebe« – die aber nicht zum derzeitigen Palastleben paßte. Die Damen am Hofe des Herrschers von Rajput führten ein ebenso verkrampftes und verkümmertes Leben wie die feudalen Damen im 12. Jahrhundert in Frankreich. Nur durch Prostituierte, Tanzmädchen, Sängerinnen und Konkubinen konnte ein Prinz oder Vornehmer in Rajput eine »Romanze« erleben. Unter diesen Umständen begeisterten und entzückten die Damen der indischen Malerei den Hof von Rajput aus einem bestimmten Grund. Sie waren Geschöpfe der Poesie und nicht des wirklichen Lebens.

Vom 4. bis zum 10. Jahrhundert, in jener Periode also, in der die Liebespoesie im Sanskrit ihren Höhepunkt erreichte, wurden die Liebhaber des indischen Altertums als Prototyp der Liebenden in der Dichtung genommen. Man erwartete von den Dichtern, daß sie ihre Gestalten sich wie diese Liebenden der Frühzeit benehmen ließen. Liebe konnte aber in der Dichtung nur dargestellt werden, wenn sie frei, romantisch und abenteuerlich war. Tatsächlich entspricht die indische Anschauung genau dem, was Sir Herbert Read aussprach: »Nur leidenschaftliche Liebe erzeugt Dichtung höchsten Ranges.« Eheliche Liebe war bewundernswert, aber sie war nicht poetisch. Poesie verlangte die gleiche wagemutige Hingabe wie außerehelicher Sex. Als Folge davon wurden Bücher geschrieben, in denen der Moralkodex aufgehoben war und der Liebhaber in den verschiedensten Verwicklungen gezeigt wurde, als ob er der wirkliche und einzige Gegenstand der Dichtung wäre. Der erste Text dieser Art war das Rasamanjari (»Der Strauß des Vergnügens«) von Bhanudatta, einem Sanskritdichter des 15. Jahrhunderts. Die Frauen wurden darin als solche eines anderen und in sonstige eingeteilt. Mit denen »von einem anderen« waren verheiratete gemeint, doch Liebschaften mit diesen wurden als genauso wirksam in der Dichtung betrachtet, wenn nicht noch mehr als alle sonstigen. Eignung für die Poesie bildete die Hauptsache, und in seinem Buch klassifizierte Bhanudatta alle Liebhabertypen und zeigte dann an Beispielen, wie leidenschaftliche Situationen am besten behandelt werden könnten. Seine Analyse wurde später in das Rasikapriya von Keshav Das, einem Hindipoeten des 16. Jahrhunderts, aufgenommen.

In diesen beiden Büchern wurde die wirkliche Mechanik oder Taktik »leidenschaftlicher Liebe« beiseite gelassen. Im Gegenteil, es wurde sogar angenommen, daß solche grundlegenden Probleme nicht einmal existierten. Die nayika (Herrin) würde, wenn sie verheiratet war, ihrem Gatten immer Hörner aufsetzen. Sie würde ihren Liebhaber unbekümmert um Verwandte begrüßen. Sie würde zu einem Stelldichein gehen. Es war unnötig, in einem Gedicht zu sagen, wie sie es tat. Der wesentliche Punkt war der, daß sie es tat. In ihrer nicht stimulierenden Schilderung der Wirklichkeit des Liebesaktes sind einige moderne britische Schriften ebenso unrealistisch und idealistisch wie die des mittelalterlichen Indiens.

Das Koka Shastra gehört eigentlich zu dieser Tradition. Wo es Sex nicht unmittelbar beschreibt, weist es auf eine Liebe hin, die mit dem wirklichen Leben keine Verbindung hat. Hinter dem indischen Gatten verbirgt sich der indische Liebhaber, aber er ist nur in Kunst und Dichtung lebendig und nicht als Hausherr der Hindufamilie. Einen großen Anreiz zu geben – zu erregen, zu entzücken, zu besänftigen – behandelten Dichter und Maler die ideale Liebe. Aus diesem Grund ging das Koka Shastra auf ihre altmodischen Beschreibungen ein. Die Schilderung des Außergewöhnlichen, als wäre es normal, gab dem Liebhaber des Mittelalters den notwendigen Anreiz. Es befriedigte unterdrückte Bedürfnisse. Es bezeugte, daß die Romanze aus dem Leben nicht wegzudenken war, wenn auch eine überstrenge Gesellschaft es leugnete. Je weniger »leidenschaftliche Liebe« praktiziert wurde, um so wesentlicher wurde es, ihr Dasein zu bestätigen.

»In meiner Studie über Sexualität und Unzucht bei Shakespeare«, sagte Eric Partridge, »bin ich bei seinen Dramen und Gedichten zu der Anschauung gelangt, daß etwas Grundlegendes, Bedeutungsvolles und höchst Aufschlußreiches darin liegt. Obwohl Shakespeare niemals darauf hinwies, scheint er daran gedacht und ständig in der Meinung gehandelt zu haben, daß das Schreiben tatsächlich ein Schaffensakt ist; ebenso ist es, und zwar potentiell, der Vollzug der Liebe. Schreiben ist ein Mittel, um seine intellektuelle und spirituelle Energie zu betätigen, genau wie die Paarung, ein Mittel ist, die physische Energie zu gebrauchen. Das Verlangen zu schreiben ist mindestens so drängend, so intellektuell und spirituell mächtig, wie es das Verlangen ist, zu lieben (besonders, sich zu paaren), auf physischer Ebene. Geistiges Schaffen steht über der Paarung, denn es vermag das Bedürfnis zu befriedigen, seinem Selbst Ausdruck zu verleihen. Es ist fast so etwas wie ein schmerzstillendes Mittel angesichts der Einsamkeit, die uns alle, vor allem aber die Schöpfer von Literatur, Kunst und Musik bedrängt. Gleichzeitig ist es Erquickung und Trost. Über Sex und Liebe zu schreiben dient außerdem sowohl dazu, das schöpferische geistige Bedürfnis zu befriedigen – und vielleicht zu rechtfertigen – als auch physische Wünsche zu sublimieren, und das ist ein durchaus edler Ersatz.«

Indem das Koka Shastra Liebe und Sex mit poetischer Einsicht behandelte, gab es dem mittelalterlichen Indien genau das – einen durchaus edlen Ersatz.

EINFÜHRUNG

Allgemeines

Die Lehrbücher über die Liebeskunst in Sanskrit bilden eine ununterbrochene Folge aus dem fernen Altertum bis ins 16. Jahrhundert n. Chr. oder noch später, und von da an bis zur Gegenwart, in landesüblichen Versionen und Nachahmungen. Die meisten großen Kulturen, ebenso viele Stammesgemeinschaften, haben eine Literatur dieser Art besessen – unsere eigene jüdisch-christliche Tradition ist fast die einzige, die keine hat – und haben es den Dichtern überlassen, sie zu schaffen. Persische, chinesische und arabische Werke über Erotik sind nahezu ebenso häufig wie im Sanskrit, aber der Einfluß der indischen Liebeslehrbücher auf ihre Kultur ist eigenartig, weil die sexuelle Vorstellung einen seltsamen Platz im religiösen Denken der Hindus einnimmt. Über tausend Jahre haben diese Lehrbücher nicht nur das sexuelle Verhalten, sondern auch Kunst und Literatur im ganzen hinduistischen Indien beeinflußt – und nicht nur durch den Literaten, denn man gab diesen Werken »visuelle Hilfen« bei; Skulpturen, Malerei, Palmblatt-Bücher, erotische Zeichnungen und Stellungen, auf jedem Niveau, von der feinsten Darstellung religiöser Kunst bis zu Trödlerwaren und Basarschmuck.

Die Furcht vor dem Sexuellen und seine Ablehnung, wie sie ebenso fundamental in unserer eigenen religiösen Tradition vorhanden sind, haben in Europa Generation auf Generation genötigt, sich an die römischen und griechischen Klassiker zu halten, oder an Bücher, die normale Betätigung unter dem Deckmantel einer Aufzählung von Sünden oder Krankheiten beschreiben, um dem gleichen wesentlichen Bedürfnis zu entsprechen. Fast die erste ausführliche Darstellung einer andersartigen und in sexuellen Dingen weniger ängstlichen Tradition erhielten die Engländer im 19. Jahrhundert durch Burtons Übersetzung von »Tausendundeiner Nacht«, und es überrascht nicht, daß sie ihren ersten Kontakt mit der erotischen Sanskritliteratur demselben Übersetzer durch seine Versionen des Kama Sutra und des Ananga Ranga verdanken. Unglücklicherweise erreicht aber keine von diesen das Niveau von Burtons arabischen Studien, doch sie dienten wenigstens dazu, uns mit dem Namen der großen und originellen Quelle aller erotischen Schriften Indiens vertraut zu machen, mit dem Kama Sutra von Vatsyayana.

Das Kama Sutra ist eines der großen überlieferten Prosabücher der Weltliteratur. Sein angeblicher Verfasser ist wie Homer und Hippokrates ein Name und nicht mehr – der Text, wie er uns vorliegt, drückt seine Ansichten in der dritten Person aus, zusammen mit denen von Babhravya, Gonikaputra und anderen –, aber in der gesamten erotischen Literatur Indiens wird er als der maßgebliche Meister behandelt, wie die medizinische Literatur des Mittelalters Galen und Aristoteles verehrte. Alle späteren Werke beziehen sich darauf, sind Zusammenfassungen und Erweiterungen oder Kommentare zum Kama Sutra, wobei allmählich erst astrologische und später Gedankengänge der Tantras aufgenommen wurden.

Auf der Suche nach Qualität hält sich die Wissenschaft gewöhnlich an die jüngste Quelle – die indischen Gelehrten aber, gleich denen des europäischen Mittelalters, halten nach der ältesten Ausschau. In diesem Fall ist es berechtigt, denn das Kama Sutra ist seinen Nachfolgern weit überlegen. Seine wirkliche Geschichte ist unbekannt – wie die meiste vedische Literatur soll es eine Zusammenfassung eines älteren und verschollenen Werkes durch Gelehrte sein, das ein Gott verfaßt oder mitgeteilt hat. Shiva entdeckte, als er sich in seine eigene weibliche Emanation verliebte, die Sexualität und feierte die Lust fleischlicher Paarung in zehntausend oder, wie manche sagen, hunderttausend Büchern. Nach einer anderen Version wurden diese durch seinen Diener Nandin auf tausend reduziert, später von Weisen nach und nach gekürzt. Nach einer anderen Version aber wurde Dattaka, der das Unglück hatte, einen Ritus Shivas zu beflecken, in eine Frau verwandelt. Als er später seine ursprüngliche Gestalt zurückgewann, war er mit dem Wesen beider Geschlechter vertraut. Er verbreitete sein Wissen zu Ehren Shivas in zahlreichen Schriften. Die Überlieferung beginnt an dem Zeitpunkt Geschichte zu werden, als Babhravya Pancala Herausgeber einer Sexualenzyklopädie wird. Es heißt, daß er Carayana mit einer allgemeinen Einleitung beauftragte, das Gebiet des Coitus Suvarnanabha, das der Werbung um Jungfrauen Ghotakamukha, das der Pflichten von Ehefrauen Gonardiya, das der Verführung Gonikaputra, das der Huren Dattaka und das medizinischer Fragen Kucumara anvertraut habe. Diese Enzyklopädie soll nach der Überlieferung Vatsyayanas auf einen erträglichen Umfang reduziert haben, und daraus wurde das Kama Sutra.

Inhaltlich befaßt sich Vatsyayanas Buch mit denselben Gebieten wie die hypothetische Enzyklopädie und zerfällt in dieselben Abschnitte. Es ist von Schmidt sorgfältig ins Deutsche und Lateinische übersetzt worden, und von anderen weniger gut ins Englische, hauptsächlich in Indien. Der Meister der Liebe ist ein trockener, realistischer, liberaler Schriftsteller mit bemerkenswert gutem Verstand, mit Thurbers Blick für menschliches Verhalten, wobei er nicht immer ganz so satirisch ist, aber der Satire bei seiner Freimütigkeit nahe kommt: Radschas wagen nicht, Schlechtes zu tun, weil alle ihre Bewegungen wie die der Sonne von den übrigen beobachtet werden – sollten sie also derart wagemutig sein, eine Verführung zu versuchen, müssen sie es in ihren eigenen Palästen tun, und nicht in den Häusern anderer Männer wagen, wo sie riskieren, inkognito von einer niedrig gestellten Person getötet zu werden. Dann werden die Methoden beschrieben, die gewöhnlich von wirklichen und nicht nur idealen Radschas angewendet werden. Sie können die Damen einladen, eine Freundin in ihrem Harem besuchen – sie können Spitzel anheuern, um ihren Gatten des Verrates zu überführen und sie als Geisel zu beanspruchen – und so weiter.

Dieser kernige Text wird überall von einer Art Dr. Watson begleitet, und zwar in der Person eines Kommentators aus dem dreizehnten Jahrhundert, eines pedantischen Haarspalters namens Yasodhara, dessen Kommentar Jayamangala genannt wird. Die meisten Übertragungen ins Englische nehmen weite Partien dieses Kommentars in ihren Text auf. Manchmal ist Yasodhara von Nutzen – die Geschichte von Dattakas Geschlechtswechsel stammt zum Beispiel aus seinem Kommentar, und zwar zusammen mit der wahrscheinlicheren Version, daß dieser Dattaka der Adoptivsohn eines Brahmanen war, der es sich in den Kopf gesetzt hatte, alles Wissenswerte über Huren herauszufinden, und sich dabei so gut informierte, daß diese Berufsgruppe selbst ihre feinste Vertreterin zu ihm schickte, um ihn aufzufordern, ein offizielles Lehrbuch für sie zu schreiben. Aufrecht sagt von Yasodhara: »Er scheint nur mangelhafte Kenntnisse sowohl des alten Sanskrit, in dem Vatsyayana schrieb, als auch von dem behandelten Gegenstand selbst zu haben.« Immerhin ist er aufschlußreich und scheint erfaßt zu haben, daß das Werk seines Meisters eines Tages von Männern gelesen werden würde, die mit den Sitten und der Mythologie der Hindus nicht mehr vertraut sind.

Das Kama Sutra wird verschiedentlich um etwa 300 v. Chr. datiert – doch es gibt dafür kaum Anhaltspunkte außer Stil und Sprache und der Tatsache, daß Kalidasa das Werk offensichtlich kennt und zitiert. Pisani (1954) versetzt es in jüngere Zeit, etwa in das Jahr 400 n. Chr. Man kann recht gut annehmen, daß Ovid es kannte – nicht nur wegen seiner Ars Amatoria, sondern auch wegen der auffallenden Ähnlichkeit seiner Heroides mit den nayikas der indischen Typologie. Begegnete er ihm, als er Corinna den Papagei kaufte, oder war der Papagei selbst ein gelehrter Vogel wie der aus den Siebzig Abhandlungen? Das Alter der Nachfolger des Kama Sutra ist ebenso ungewiß. Die wichtigsten sind:

1. Ratirahasya oder die Geheimnisse Ratis (Gattin des Liebesgottes, deren Name Schäkerei oder Vergnügen bedeutet), populär geworden als das Koka Shastra und von Pisani dem zwölften und von Lienhard dem zwölften oder möglicherweise dem elften Jahrhundert zugeordnet.

2. Pancasayaka (Fünf Pfeile) von Jyotirisvara Kavisekhara (wahrscheinlich Ende des dreizehnten oder Beginn des vierzehnten Jahrhunderts).

3. Smaradipika (Licht der Liebe), ein Sammelname für eine Anzahl verschiedener Werke, das früheste wahrscheinlich aus dem vierzehnten Jahrhundert, bei denen das Material teilweise untereinander ausgetauscht wurde. Diese Gedichte stellen eine genaue Überlieferung der erotischen Schriften dar, die sich aber vom Kama Sutra unterscheiden, besonders in den Namen, die den verschiedenen bandhas, den Stellungen beim Coitus, gegeben werden.

Mit diesen Werken verbunden sind:

4. Das sehr kurze Ratimanjari von Jayadeva (Blumenstrauß der Liebe) in eleganten Versen, das stellenweise wörtlich mit einigen Versionen des Smaradipika übereinstimmt und wahrscheinlich aus dem 15. Jahrhundert stammt.

5. Kandarpacudamani (Tiara des Liebesgottes) von Virabhadradeva, eine fast wortwörtliche Übertragung des Kama Sutra von der Prosa in Arya-Verse, Datum ungewiß.

6. Dinalapanika Sukasaptati oder Siebzig Abhandlungen des Papageis, in der einzigen Version, bei der der gelehrte Vogel von einem König dazu benutzt wird, daß sein Sohn durch ihn gewissermaßen über »Tonband« belehrt wird, wobei er sich

über sexuelle Physiologie verbreitet, während der junge Prinz selbst einen Vortrag über Erotik hält, deren Kenntnisse ihm angeblich von dem Papagei übermittelt wurden. Dabei gibt er uns die vollständigste Liste von Stellungen beim Coitus für »Fortgeschrittene«, genau wie man die Figuren beim Tango oder Quickstep darstellt. Das hingegen scheint aus einem anderen erotischen Werk zu stammen, nämlich

7. Srngaradipika (Leuchte der Zuneigung) von Harikara – das dieselben Namen aufführt, aber ohne die Einzelheiten.

8. Ananga Ranga (Schauplatz des Liebesgottes) von Kalyanamalla ist einer der berühmtesten Texte wegen der Übersetzung von Burtun-Arbuthnot und steht in Indien an Popularität neben dem Ratirahasya und Kama Sutra. Schmidt versucht, es dem 17. Jahrhundert zuzuordnen, aber es ist fast gewiß, daß es beträchtlich früher entstanden ist – wahrscheinlich spätestens in der Mitte des 16. Jahrhunderts.

Das sind die hauptsächlichen Texte. Zu den geringeren und abgeleiteten Werken gehören das Nagarasarvasva (Der vollkommene Playboy) von Padmasri, das Kamaprabodha von Vyasya Janardana, das Ratiratnapradipika (Juwelenlampe Ratis) von Maharaja Devaraja und das Ratisastraratnavali von Nagarjuna Siddha.

Das ist keineswegs eine erschöpfende Liste über indische Lehrbücher der Erotik. Mit wenigen Zusätzen enthält sie nur die umgeschriebenen oder übersetzten Titel von Richard Schmidt in seinen »Beiträgen zur Indischen Erotik«. Dieses Buch steht zu meinem in demselben Verhältnis, wie Vatsyayana zu seinen Nachfolgern, und daraus habe ich das meiste Material entnommen. Es gibt noch Dutzende ähnlicher Dichtungen und Abhandlungen, die Schmidt nur dem Titel nach zitieren kann und die noch nie übersetzt worden sind.

Obwohl die Texte nicht in eine wirklich zuverlässige Chronologie gebracht werden können, ist doch nach ihrem Inhalt die literarische Herkunft leicht festzustellen – das Kandarpacudamani ist gänzlich von Vatsyayana übernommen. Das Pancasayaka und Ananga Ranga von einem anderen Werk, und das Ratirahasya ist nicht weit davon entfernt. Das Smaradipika und das Ratimanjari bilden eine dritte Gruppe. Zwischen der ersten und zweiten dieser Gruppen sind viele Zutaten aus der Astrologie und der Tantrik-Magie eingeführt worden, was bei Vatsyayana fehlte, während die dritte Gruppe unabhängig zu sein scheint, unterschiedliche Stellungen beim Beischlaf (bandhas) beschreibt und andersartige Namen angibt.

Die späten Palmblattbücher in Sanskrit in der Art von Oriya, die hauptsächlich in der Umgebung von Puri hergestellt wurden und nun weithin durch erotische Spielkarten ersetzt worden sind, scheinen eine gänzlich andere Tradition zu vertreten, eine, mit der ich mich näher befaßt habe, wahrscheinlich stammt sie aus dem 19. Jahrhundert, gibt sechzig bandhas an, die keinem der klassischen Texte nacheifern, weder in der Anordnung noch im Gepräge. Die meisten sind komplizierte Sitzstellungen, bei denen der Mann in seltsam halbkniender Haltung und dazu reichlich verschlungene Beine gezeigt werden. Sie sind in veralteter Manier gezeichnet und weisen nach persischer Art trommelförmige Kissen auf, während die sthita (stehende) Positionen, das Zeugnis für die Besonderheit indischer Erotik, nur drei ausmachen und nicht sehr überzeugend wirken. Ich meine, daß diese Texte eher mohammedanischen als shastrischen Ursprungs sind. Dasselbe gilt für die bandhas, die in einer jüngst veröffentlichten Gujarati-Version von Vasanta Vilasa (Brown, W. N., 1962) gezeigt werden. Tatsächlich ist mir noch kein indisches Buch über Stellungen vor Augen gekommen, das genau mit der erotischen Literatur übereinstimmt.

Man möge bedenken, bis zu welchem Punkt wahrscheinlich die erste Überarbeitung und Wiederbelebung des Meisterwerkes gegangen sein muß, und was die Woge poetischer Nachahmungen des klassischen Originals heraufbeschwor; um das

Ende des ersten Jahrhunderts nach Christus ging in den städtischen Zivilisationen Ost- und Zentralindiens eine jähe sexuelle Renaissance vor sich. Der wirklich geschichtliche Vorgang ähnelte weniger dem unserer europäischen Renaissance als vielmehr den asketischen und evangelischen »Erweckungen« des Westens, psychologisch aber in der umgekehrten Richtung. In gewisser Hinsicht ähnelte sie der westlichen Renaissance in ihrer Auswirkung auf die Kunst. In der höfischen Gesellschaft der Radschas, wie etwa bei den Königen von Candella, setzte eine Woge des Tempelbauens ein, die noch heute den Höhepunkt indischer Architektur darstellt. Unter ihren noch erhaltenen religiösen Denkmälern sind die kaula-inspirierten Tempel von Khajuraho, wo ekstatische Liebende die Hauptgötter von ihren Ehrenplätzen in der Ikonographie[1] verdrängt haben, und der Sonnentempel von Konarak mit seinen zahlreichen Figuren, die junge Frauen beim Liebesakt darstellen – himmlische Apsaras, Tempelprostituierte (vesyakumari) oder einfach Menschen beim Ritus des Sexuellen. Keiner scheint genau zu wissen, was es wirklich ist[2].

Die liturgische Bedeutung der Figuren von Khajuraho ist klar genug – in der Ekstase der Paarung wird der Mensch göttergleich[3]; die Friese von Konarak hingegen feiern Erlösung durch die Kunst und Erlösung durch das Weib mit einer einzigen ästhetischen Gebärde, der Schöpfung vollkommenen sexuellen Empfindens als eigenwilliges Kunstwerk (sie sind bestimmt nicht, wie moderne Hindus sie interpretieren, dazu da, daß sie der Verführung dienen oder den Sünder warnen sollen). Die weltlichen Auswirkungen derselben sexuellen Welle erscheinen in den nayakas und nayikas, den Heroen und Heroinen der traditionellen indischen Romanze. Ihr wirkliches Dasein war wohl sehr kurzlebig, aber sie haben in Konvention und Literatur fortgelebt, genauso unerschöpflich wie Theokrits Hirten und Hirtinnen und wie die Ritter des feudalistischen Zeitalters. Noch heute dienen sie indischen Liebhabern als Muster. Über diese kurze Epoche hin scheint die indische Tradition einen mächtigen psychologischen Impuls erhalten zu haben, von dem Kunst, Literatur und Religion seitdem zehren – ein Anreiz, der von dem unserer Renaissance insofern verschieden ist, als er völlig im Unbewußten lag.

Auch scheint der Hinduismus damals sein Selbstvertrauen und seine »joie de vivre« entdeckt zu haben, und zwar nach dem puritanischen Pessimismus der buddhistischen Tradition und dem Diabolischen der frühen Shaktas, durch die vielleicht die mystische Erotik in indische Kunst und indische Praxis eingeführt wurde, die aber mit so abstoßenden Praktiken »wie dem Tragen von Schädeln, Trinkgelagen, Geheul, Menschenopfern, dem Reichen von Speisen in Menschenschädeln und der Unterhaltung von Opferfeuern mit Hirn und Lungen von Menschen« vermischt waren (Panigrahi, 1961). Wir können sehen, wie diese Entwicklung der Wiedererlangung des Selbstbewußtseins vor sich ging, wenn wir die Kunstwerke am Tempel von Bhuvaneshwar betrachten. Erotische Themen erscheinen zuerst an Shakta- und Pasupataschreinen. Aber Eros und die anmutigen nayikas vom Rajarani-Tempel verdrängen Thanatos und die schädeltragenden Kapalika-Figuren im Innern des Vaital-Tempels; die schrecklich anzusehenden tanzenden Camundas müssen ihren Platz allmählich der Gottheit in ihrer dämonentötenden Eigenschaft räumen (Mahisasuramardini) und enden schließlich in ihrer völlig friedlichen Manifestation. Hand in Hand damit hat diese rituelle Erotik, wie wir sie im Bilde schauen, mehr mit Liebe und Lust zu tun und weniger mit magischer und asketischer Praxis – anstatt esoterisch und grausam zu bleiben, wird sie heiter und volkstümlich.

»Unsere« Renaissance erzeugte sowohl gefühlsmäßige als auch intellektuelle Entdeckungen – in der Romantik verschmelzen beide –, schließlich aber auch die Wissenschaft. Die indische Renaissance scheint aber, nachdem sie wie eine Nova explodiert war, wieder ins Dunkel zurückgesunken zu sein –

wobei teilweise ihre allzu starke Betonung des Sexuellen die Schuld trug. Das Tor des vorödipuszeitlichen Paradieses schlug wieder zu – aber die Kraft indischen Denkens hatte sich bereits gesammelt, und man hat den Eindruck, daß seit dieser Zeit fast der gesamte geistige und emotionelle Drang der Kultur darauf hinzielte, »ozeanische« Gefühle der Kindheit durch andere Mittel wiederzugewinnen. Sexualismus und Antisexualismus der Hindus, Züge indischer Kunst, die großen erotischen Tempel, Sexualmagie der Tantras und die erotische Dichtung – alles das scheint die eigentliche Manifestation dieser ursprünglichen Kraft zu sein, die in dem Kult der Liebe Krishnas wieder an die Oberfläche tritt. Gleichzeitig setzt sich eine vorzeitliche Tradition fort, und zwar als logische Folge. Eine Erneuerung ist es, nicht eine Erfindung.

Mit dieser weltlichen, nicht der religiösen Seite des sexuellen Goldenen Zeitalters befassen sich die erotischen Lehrbücher – ihre Leser waren urbane Männer, die ihre Lusthäuser mit den Motiven der Tempelfiguren schmückten. Ihr Stoff liegt zeitlich vor dem sexuellen Yoga der Tantras, denn sie enthalten keinen Hinweis auf seine Hauptdoktrin, die »Aufsaugung« weiblicher Energie unter Vermeidung der Ejakulation. Der höfische Hintergrund, den Vatsyayana beschreibt, gibt uns eine Vorstellung von den Leuten, für die er schrieb. Das Kama Sutra sagt:

»Wenn ein Mann seine Ausbildung abgeschlossen und Wohlstand erlangt hat durch Geschenke, Kriegsbeute, Händel oder Entlohnung« (Mittel, wie sie zu jeder Kaste gehören, Brahmanen, Ksattrya usw.), »sollte er ein Mann mit feiner Lebensart werden. Er wird in einer Stadt, einer Hauptstadt, im Zentrum eines Distrikts oder einer Stadt auf dem Lande wohnen, oder wo auch immer Männer vornehmen Standes leben, je nach seiner Beschäftigung. In der Nähe einer Quelle wird er ein Haus mit zwei Schlafräumen und einem Geschäftsraum errichten. Es soll in einem Garten stehen. In dem äußeren Raum wird er ein weiches Bett mit Kissen und weißen Laken aufstellen, und daneben eine Couch« (das eine zum Schlafen, erklärt Yasodhara, das andere für den Beischlaf)... »In diesem Raum soll es von der vorhergehenden Nacht noch Salben und Girlanden geben, eine Schüssel mit gekochtem Reis und ein Kästchen mit Parfüm, Zitronenschalen und Betel. Am Fuß des Bettes einen Spucknapf und eine Laute, die an einem Pflock hängt. Weiter ein Zeichenbrett und ein Tintenfaß, ein Buch, Kränze aus gelbem Amarant. Dicht daneben einen Teppich mit einem Kissen, um sich zurücklehnen zu können. Auch ein Würfel- und ein Schachbrett. Außerhalb des Wohnhauses wird er Käfige mit zahmen Vögeln aufstellen und Werkstätten einrichten zum Spinnen und Schreinern. Im Garten soll es eine gepolsterte Schaukel und eine mit Blumen bestreute, gefällig abgerundete Bank geben. So sei die Anordnung im Haus.

Jeden Morgen wird er nach dem Aufstehen dem Ruf der Natur folgen, seine Zähne putzen, sich leicht einparfümieren, Weihrauch abbrennen und eine Girlande anlegen, sein Fasten beenden, indem er eine Handvoll von gekochtem Reis zu sich nimmt, sein Gesicht prüfend im Spiegel betrachten, Pastillen und Betel nehmen (oder seine Wangen und Zähne mit Rouge oder Betel färben) und sich dann seinem Geschäft widmen. Er wird täglich baden, jeden zweiten Tag sich salben, jeden dritten Tag Sepia gebrauchen, sich jeden vierten Tag rasieren und alle fünf bis zehn Tage enthaaren... Zweimal täglich sollte er essen, am Morgen und am Nachmittag... nach dem Frühstück wird er sich damit beschäftigen, daß er Papageien und Mynahs reden lehrt, Wachtel-, Hahnen- oder Widderkämpfen beiwohnt, mannigfaltigen ästhetischen Zeitvertreib hat, indem er seinen Geschichtenerzähler empfängt oder ihm Anweisungen gibt, ebenso seinem Kuppler und Possenreißer. Mittags hält er Siesta. Am Nachmittag macht er Toilette, spielt dann – und hört am Abend Musik. Danach wird er auf Damen warten, die mit ihm ein Stelldichein haben, oder auf Freunde. Sein Schlafzimmer wird vorbereitet und Weihrauch darin abgebrannt sein; (Wenn keine Damen kommen), wird er einen Boten schicken oder selbst gehen, um sie zu holen... Wenn die Toilette der Damen, die ihn besuchen, durch Regen und schlechtes Wetter gelitten hat, wird er sie eigenhändig in Ordnung bringen oder einen seiner Freunde rufen, damit er es tut. Das ist die Vorschrift für Tag und Nacht.«

Es folgen seine religiösen und kulturellen Verpflichtungen. Der reiche Inder war gewiß nicht müßig – jedenfalls meinte er es. Als nayaka muß man reich sein. Fehlen aber die Mittel, so kann man immer Vorlesungen über die Künste halten und damit die Stellung eines Stuhldrückers erlangen (eines pithamarda – das ist ein beruflicher Unterhalter und Geschichtenerzähler) und kann dadurch in die Gesellschaft der Vornehmen und der Hetären gelangen, die die ersten Damen des Landes sind und in deren Häusern sich alle kulturell Tätigen und überhaupt die gesamte Gesellschaft trifft.

Das also ist der nayaka, für den Vatsyayana schrieb. Er ist für uns eine bemerkenswerte zeitgenössische Figur, es fehlen ihm nur ein dickes Bankkonto und ein geheizter Swimming-pool, um ihn ganz modern zu machen. Aber das Hauptvergnügen, für das alle anderen nur eine Vorbereitung sind, kann damals wie heute glücklicherweise umsonst genossen werden, wenn es heute auch mehr denn je zuvor sind, die ein eigenes Heim, fließendes Wasser, empfängnisverhütende Mittel und Körperhygiene besitzen, wie sie ein Gentleman in Indien im 3. Jhdt. nicht kaufen konnte, und wenn er noch so reich war. – Wir wiederum bedauern, daß uns seine Fähigkeit fehlt, das Beste aus allem zu machen, aber nach Vatsyayana brauchen wir sie uns nur anzueignen.

Einige frühere Übersetzer der erotischen Schriften Indiens, gewöhnlich die am wenigsten achtbaren, haben mit ihrer Verehrung der Sanskritgrammatik viel Aufhebens gemacht, auch mit der Betonung ihrer Harmlosigkeit, wonach sie nicht die Absicht hätten, Nichtgelehrten sexuelle Aufklärung zu verschaffen. Dieser Vorwand kann kaum Gültigkeit haben, denn die überwältigende Mehrheit der Leser, ob gebildet oder nicht, ist an diesem Werk hauptsächlich deswegen interessiert, weil es über sexuelles Verhalten in einer fremdartigen Kultur informiert, wahrscheinlich mit der bewußten oder unterbewußten Hoffnung gepaart, daß sie daraus für sich selbst Nutzen ziehen könnten. Keiner dieser Absichten erfordert eine Entschuldigung. Gleichzeitig ist das literarische und psychologische Interesse an der indischen Erotik so stark, daß es der Mühe wert scheint, die Texte mit ausführlichem, wissenschaftlichem Kommentar zu versehen – Leser, die sich nur mit den technischen Einzelheiten der bhandas befassen wollen, mögen sie nach eigenem Ermessen auslassen. Ebenso sind manchmal nachdrücklich die Fremdartigkeit, Seltsamkeit und Undurchführbarkeit des Inhalts kritisiert worden. Das ist aber ein rein europäischer Standpunkt. Manches davon entspricht tatsächlich nur indischer Denkweise, wenn man aber die Manieriertheit der Tradition wegläßt – ihre Manie zu klassifizieren und ihr Glaube, daß es für alles und jedes eine Technik gibt, die eher durch Gelehrsamkeit als durch Praxis definiert werden kann – ist doch unser Eindruck von der Seltsamkeit der Vorschriften weitgehend das Ergebnis davon, daß wir in einer Gesellschaft leben, die uns an der Beobachtung sexuellen Verhaltens hindert. Man kann ebenso gute Beispiele von nakhacchedya (erotische Kratzer – das wichtigste indische Liebeszeichen) in der Londoner U-Bahn sehen, wie im mittelalterlichen Indien an einer Dame. Es gibt eine englische Version des Ananga Ranga, die man jetzt als Paperback kaufen kann und von Lamairesse ins Französische übertragen worden ist. Sie hat lange dazu gedient, eine große Zahl englischer Leser mit dem Werk bekannt zu machen. Die Übersetzer sind F. F. Arbuthnot und Sir Richard Burton. Wenn Burton – Tausendundeine Nacht – wirklich mit der vorliegenden Übersetzung zu tun hatte, so sind seine Kenntnisse des Sanskrit, und was bei seinen anderen Werken noch überraschender ist, die der Technik indischer Erotik nicht weit her; der Text ist nämlich, wie Schmidt grimmig ausführt, voller Fehler, und ein beträchtlicher Teil davon ist, besonders im Bericht über die bandhas oder Stellungen, Machwerk der Übersetzer. Ich vermute, daß sie bei der Wahl der Pandits Pech hatten, die sie um Rat fragten. Mitunter läßt die Wiedergabe von Sanskritnamen den Verdacht aufkommen, daß diese Version nicht aus dem Sanskritoriginal, sondern einer minderwertigen lokalen Ausgabe entnommen ist. Das mag einige dieser Schwächen erklären. Oft stammt der Stil unverkennbar von Burtons Diktion. Arbuthnot scheint der eigentliche Übersetzer gewesen zu sein, und Burton hat seine Fassung wahrscheinlich »bearbeitet«. Die Einleitung enthält eine Geschichte, die auf Burtons Beet gewachsen ist. Sie dient dazu, das Gedicht einzuführen, das ich hier zur Wiedergabe ausgewählt habe – das Ratirahasya von Kokkoka:

»Eine Frau, die vor Liebe brannte und keinen finden konnte, der ihr außergewöhnliches Verlangen befriedigte, warf ihre Kleider fort und schwor, sie würde nackt über die Erde wandern, bis sie ihren männlichen Partner fände. So trat sie in die Halle des Radschas beim Morgenempfang, dem Koka Pandit beiwohnte. Sie blickte frech auf die Schar der sie umgebenden Höflinge und erklärte, daß nicht ein einziger Mann im Raum sei. Der König und sein Hof waren arg verlegen, aber der Weise bat mit aneinandergelegten Händen und in gebührender Demut um die Erlaubnis des Herrschers, das keifende Weib zähmen zu dürfen. Dann führte er sie in sein Heim und ging so überzeugend zu Werke, daß sie fast ohnmächtig vor Mattigkeit und wiederholten Orgasmen um Schonung rief. Daraufhin stach der mannbare Pandit goldene Nadeln in ihre Arme und Beine, führte sie vor den Radscha und ließ sie dort feierlich ihre Unterwerfung eingestehen und sich in seiner Gegenwart wieder verhüllen. Wie zu erwarten war, wollte der Radscha durchaus wissen, wie der Sieg errungen worden war, und befahl dem Pandit, den Hergang zu erzählen. Er möge auch viel nützliches Wissen über das Wesen des Coitus hinzufügen. Auf volkstümlichen Bildern sieht man, wie der Weise vor dem Radscha sitzt und ihn belehrt, während dieser im Schatten von Chatri oder dem königlichen Baldachin den Worten der Weisheit ein aufmerksames Ohr leiht und sich von seinem Harem Kühlung fächeln läßt.«

Koka Pandit soll anscheinend mit Kokkoka, dem Verfasser des Ratirahasya, identifiziert werden. Sein Werk ist allgemein bekannt als das Koka Shastra, Kokas Buch – doch ist der Name für diese Literaturgattung üblich geworden und wird mitunter ebenfalls auf das Ananga Ranga angewendet. Aus Burnells Katalog von Manuskripten zitiert Schmidt: »Dieses schamlose Buch ist in Südindien sehr beliebt und es gibt davon mehrere einheimische Versionen. Eine erschien in Tamil (trotz der Polizei). Früher gab es im Tanjore Palast eine große Anzahl von Bildern, die dieses Buch und andere Werke illustrierten, aber sie sind fast alle zerstört worden.« Zum Glück für die Verständlichkeit einiger dieser bandhas (Stellungen) und trotz der neuerlichen Prüderie, die »Lady Chatterley« in Indien verbot, bestehen sie in der Volkskunst weiter und können als Palmblattbücher oder als bedruckte Bogen mit Anleitungen gekauft werden, so daß sie als visuelle Hilfe sowohl den Radschas als auch dem einfachen Volk zugänglich sind.

Die heimlich gedruckte Ausgabe in Tamil ist zweifellos das Kokkokam, das Ativira Rama Pandian zugeschrieben wird, König von Madura im 16. Jahrhundert, der wie Donne am Ende seines Lebens von der erotischen zur religiösen Dichtung überging und einige berühmte Psalmen schrieb. Es ist ein geistreiches Werk – nicht wie viele klassische Abhandlungen, denen man leicht anmerken kann – was sie ja auch beanspruchen – daß sie von uninteressierten Asketen geschrieben worden sind; das Kokkokam hingegen ist deutlich die Frucht von Erfahrung. Es ist in einer indischen Ausgabe recht gut ins Englische übertragen worden, zusammen mit vielen Stellen aus dem Ratirahasya selbst, und zwar von Professor T. N. Ray (1960) – und es scheint als Paperback genauso populär zu sein, wie es einst auf Palmblättern war.

Das Ratirahasya spielt gemäß seiner Lage in der Tradition eine besondere Rolle. Obwohl es in jeder Hinsicht dem Kama Sutra unterlegen ist, stellt es doch näher die Art der erotischen Hinduwissenschaft dar und die Einflüsse, die noch in der indischen Sexualfolklore wirksam sind, denn es behandelt sowohl die frühere als auch die spätere Überlieferung – die von Vatsyayana; das astrologische System von Körpertypen und Mondkalendern für die Werbung (Candrakalas); und den Einfluß des Tantrismus, der sich in Zaubersprüchen, japas (Laute mit magischer Macht, die bei bestimmter Gelegenheit ausgestoßen werden) kundgibt, und weit hergeholte pseudomedizinische Rezepte wie jenes, das erfordert »beide Flügel einer Biene, die sich auf einem Blütenblatt niedergelassen hat, das von einem Totenkranz gefallen war«. In gewissem Sinn ist die Verwässerung von Vatsyayanas scharfsinniger Gelehrsamkeit mit derartigem Unsinn deprimierend, aber in Wirklichkeit stellt sie einen Vorgang dar, den wir auch in den Schriften europäischer Alchimisten finden. Wie Aristoteles hatte Vatsyayana den Gegenstand seiner Abhandlung so gefaßt, wie er vernünftigerweise durch Gelehrsamkeit und Intelligenz ohne Nachprüfung ad hoc wiedergegeben werden konnte. Die Magier »forschten« ohne wissenschaftliche Disziplin, ersannen einige Resultate, erhielten dazu andere. Sie erkannten die Notwendigkeit einer mehr empirischen Wissenschaft, besaßen aber keine zuverlässigen Mittel, solche Ergebnisse zu erzielen. Die späteren Autoren indischer Erotik schwelgen in der Kluft zwischen traditioneller Gelehrsamkeit und Wissenschaft. Von ihren Werken wiederholt das Kandarpacudamani in Versen, was das Kama Sutra in Prosa sagt, mit mehr oder weniger Hinzufügungen und

Auslassungen, das Ananga Ranga ist bereits übersetzt worden, und die anderen Dichtungen kann man bequem durch entsprechendes Zitat erfassen. Ich habe mich in dieser Version für die Übersetzung eines typischen Beispiels der ganzen Serie festgelegt, dazu ein dipika oder Serien von Glossen nach indischer Art in der Form ausgedehnter Anmerkungen, und Exzerpte von anderen – abgesehen vom Ratimanjari, das kurz genug ist, um gänzlich zitiert zu werden (soweit ich weiß, wird es dabei erstmals ins Englische übertragen).

Bei dieser Methode kann unser Hauptaugenmerk auf das Ratirahasya gerichtet bleiben.

Im Hinblick auf den gemischten Charakter seines Inhalts werden moderne Leser sich fragen, wieweit die praktischen Ratschläge in Kokkokas Dichtung – magische Laute, Mixturen und Astrologie – ernst zu nehmen sind. Die richtige Antwort scheint zu sein: vieles ist ungewöhnlich vernünftig. Es besteht kein großes Risiko, Fehler zu begehen. Nur gläubige Anhänger östlichen Weistums, mit denen nicht zu reden ist, werden die Wanderung des Liebesgottes von der großen Zehe an aufwärts entsprechend den Mondphasen befolgen (obwohl andere, die vorher nicht darauf geachtet hatten, nun darauf kommen könnten, daß bei einigen Frauen die sexuelle Reaktion zyklisch sowohl nach Zeit als auch nach Körperstelle ist). Andererseits könnte ein Mann, der ein junges Weib geheiratet hat, mutatis mutandis, Schlimmeres tun, als bei ihrer Behandlung Kokkokas Rezept zu befolgen; die meisten der »äußeren« und »inneren« Umarmungen und solche Dinge wie »Liebesschreie« werden Erwachsene schon von selbst entdeckt haben – könnten aber doch daran Interesse finden, wie sie hier klassifiziert wurden, denn in unserer Kultur werden diese allgemein menschlichen Erfahrungen höchstens mündlich und nicht ohne Verlegenheit behandelt.

Die erotischen Schriften Indiens basieren ursprünglich auf scharfer Beobachtung – sind aber infolge der langen Tradition autoritär erstarrt. Darin ähneln sie der nacharistotelischen Biologie und Psychologie des Mittelalters, allerdings ohne sein theologisches Dogma. Sie sind nicht wissenschaftlich im modernen Sinn – sie sind nicht dadurch entstanden, daß der Verfasser mit eigenen Augen sah und eigenen Ohren hörte, was er mitteilt, und sie enthalten offensichtlich viel Unsinn. Verglichen mit dem Araber Al-Nafzawi verdanken sie persönlicher Beobachtung sehr wenig. Wenn wir eine wahrhafte Vorstellung von ihrem wirklichen Wert erhalten wollen, müssen wir sie mit dem wirklich erstaunlichen Blödsinn über sexuelles Verhalten vergleichen, der in Europa weit in die Renaissance und bis ins 19. Jahrhundert hinein von medizinischen und medizinisch-religiösen Fachleuten verfaßt worden ist, und der bis auf den heutigen Tag die Grundlage der medizinisch-hygienischen Literatur in Europa bildet. Klassische Quelle und klassisches Denkmal derartigen Unfugs ist Sinibaldis Geneianthropeia, der unmittelbare Ahne einer langen Folge von belehrenden Werken und die Quelle fast all der Irrtümer über sexuelles Betragen, die heute noch in der Volksmedizin gang und gäbe sind. Selbst mit den tantrischen und astrologischen Beimischungen enthält das Ratirahasya stofflich weniger wirklich närrische Auffassungen über die Sexualität des Menschen als viele seriöse medizinische und religiöse Bücher in England etwa um das Jahr 1900, und was es an Unsinn enthält, ist viel weniger schädlich. Aus diesem Grund brauchen wir keine Skrupel zu haben, Kokkoka unverschlossen aufzubewahren, selbst dann nicht, wenn ihn unsere Kinder lesen. Wenn sie es täten, wäre es besser, als wenn ihnen ein wissenschaftliches Buch in die Hände fiele. Wenigstens würden sie nicht darüber belehrt werden, daß das Sexuelle etwas Schlimmes, etwas Gefährliches ist und mit einer Schuld verbunden ist, oder daß es Blindheit, Krankheit und Ausschlag erzeugt. Kokkoka verzeichnet tatsächlich ohne falsche Scham Freuden, wo die christliche Tradition von Sünden spricht und uns, je nach der Wandlung des

Zeitgeistes, nacheinander droht mit geistiger Schuld, körperlichem Unglück oder emotioneller »Unreife«, wenn wir ihre Verbote nicht begreifen. Für uns liegt der wirkliche Wert indischer und anderer exotischer Werke über das Sexuelle in ihrer gegensätzlichen Haltung zu unserer Tradition – sie können uns helfen, ihr zu entgehen, wenn auch ihre Fakten nicht ganz stimmen. Tatsächlich gibt es Sündenregister der Buddhisten, die fast genauso ulkig sind wie die von Sanchez, aber keine andere Kultur hat ihre Scheu vor dem Sexuellen so lange und in so starkem Maß bewahrt wie das Christentum. Kokkoka wird uns bestimmt keinen Schaden tun, und Verheiratete, die sich nach ihm richten wollen, können mit seinen Vorschriften genauso experimentieren wie mit Yoga, indischen Tänzen oder Curry – sie werden bestimmt etwas dabei lernen, und wenn es eine andere geistige Einstellung ist.

Die indische Art, körperliche Typen und physische Proportionen für die sexuelle Anpassung zu betonen, scheint uns übertrieben zu sein – wir nehmen gewöhnlich an, daß diese Faktoren nicht viel zur Frigidität beitragen, und schreiben ihre Alltäglichkeit in unserer Kultur der Erziehung zu. Diese Betonung des Psychologischen ist wahrscheinlich richtig – andererseits hat es aber so wenig ernsthafte Forschung über die mechanischen Dinge beim Coitus gegeben, daß es eigentlich nicht möglich ist, der indischen Ansicht zu widersprechen.

Wir mögen geneigt sein, dem offenherzigen Mädchen von Sunü-miao-lun recht zu geben: »Männer unterscheiden sich genauso durch ihre Genitalien wie durch ihr Gesicht... mancher kleine Mann hat ein großes Glied, und mancher große Mann hat ein kurzes. Mancher magere, schwache Mann hat ein starkes Glied, mancher dicke, robuste Mann hat ein kleines, schlappes Glied... worauf es einzig ankommt, ist, daß das Organ nicht so beschaffen sein soll, daß es die Vereinigung behindert.«

(Es handelt sich hier um eine Unterhaltung des Mädchens mit dem Kaiser.)

Der Herrscher fragte: »Worin liegt der Unterschied bei einer hoch, mittel oder niedrig gelegenen weiblichen Scham?«

Das Mädchen antwortete: »Der Wert einer Vagina hängt nicht von ihrer Lage ab, sondern von ihrem Gebrauch. Alle drei, die hohe, niedrige und mittlere Lage haben wünschenswerte Eigenschaften, es kommt nur darauf an, sie richtig zu gebrauchen. Die Frau, deren Scheide Mittellage hat, ist für jede Jahreszeit und für jede Stellung geeignet, denn die goldene Mitte ist stets das beste. Die Frau mit der hohen, vorspringenden Vagina ist am besten in kalten Winternächten, denn sie sollte unter den gemalten Bettvorhängen genommen werden, und du solltest auf ihr liegen. Die Frau mit der tiefsitzenden Scham ist am besten an heißen Sommertagen, denn du kannst sie von hinten nehmen, während du auf einer Steinbank im Bambusschatten sitzt und sie vor dich hinknien läßt. Man nennt das, aus dem Körperbau deiner Frau das beste zu machen.«

Ein Mißverhältnis gibt es: Die unterschiedliche Geschwindigkeit bei der Erreichung des Orgasmus – und sie ist eine viel häufigere Ursache schlechter Anpassung. Die Annahme hat nicht viel für sich, daß die Wahl eines Weibes nach der indischen Typologie besser als durch ein direktes Experiment eine größere Übereinstimmung schaffen würde, obwohl die sorgfältigen Vorbereitungen auf den Verkehr, wie sie Kokkoka betont, es vermöchten. Dickinson (1933) versuchte die Befriedigung beim Coitus zur Anatomie in Beziehung zu setzen, aber sein Werk hat keine Nachfolger gefunden. Die meisten Ratgeber stellen fest, daß es einen Teil nicht reagierender Frauen gibt, für deren Frigidität kein offensichtlicher Grund besteht, weder physisch noch psychologisch: möglicherweise haben einige von ihnen in Kokkokas Sinn den »falschen Partner«. In diesen Fällen kann der Wechsel der Technik – oder des Gatten – manchmal bemerkenswerte Ergebnisse erzielen.

Die Vielfältigkeit der Stellungen (bandhas) ist nicht nur für die indische oder orientalische Literatur über Erotik charakteristisch, sondern für erotische Literatur überhaupt. Alle Kulturen mit Betonung des Sexuellen lassen sie sich angelegen sein wie etwa die Herausarbeitung von Figuren beim Tanz. Ihre Mannigfaltigkeit ist so groß, daß sie, wie Schmidt und Burton andeuteten, nur mit Hilfe von Diagrammen verstanden werden können. Indische Texte wurden nicht illustriert, um sie sexuell aufreizend, sondern um sie verständlich zu machen. Wir würden heute wahrscheinlich dieses starke menschliche Interesse am Coitus psychoanalytisch interpretieren. Zweifellos hat dieser Drang seinen Ursprung im Unbewußten, gleichzeitig aber gibt es umfangreiche menschliche Erfahrungen zugunsten der praktischen Bedeutung solcher Experimente.

Es ist amüsant und aufschlußreich für das sexuelle Verhalten in unserer Kultur, daß man so etwas sagen muß. »Es gibt viele Männer und einige Frauen«, schrieb Professor Kinsey, »die psychologisch stimuliert werden bei der Erwägung von Möglichkeiten der Stellungen, die zwei menschliche Körper beim Coitus annehmen können. In den ältesten Zeiten der Sanskritliteratur... sind zahlreiche Versuche unternommen worden, die mathematischen Kombinationen und Unterkombinationen zu errechnen... Beschreibungen einer oder mehrerer Stellungen oder sogar von ein paar hundert Stellungen sind in verschiedenen Literaturen ernsthaft unternommen worden. Im Hinblick auf den fehlenden Beweis, daß eine dieser Stellungen einen besonderen mechanischen Vorteil hätte, um den Orgasmus bei Frau oder Mann herbeizuführen, muß ihre Bedeutung in erster Linie darin gesehen werden, daß sie ein psychologisches Stimulans darstellen.«

Gegen die erste Hälfte dieser Meinung würde keiner Einspruch erheben. Elliott Paul hatte einen Freund, dessen Interesse an der Theorie der Abwechslung durch ein pornographisches Album so gereizt wurde, daß er Mathematiker wurde (das ist tatsächlich eine völlig nüchterne Beobachtung einer der unbewußten Motivierungen der Zahlensymbolik), während entschlossenere Sammler von Stellungen wie Weckerle, der 530 beschreibt (L. van der Weck-Erlen, pseud. J. Weckerle, 1907), manieriert und gezwungen wirken. Der letzte Teil von Kinseys Bemerkungen gleicht der an sich richtigen Ansicht, daß es nur zwei Weinsorten gibt, Rotwein und Weißwein, und nur zwei Tonstärken, nämlich laut und leise. Abgesehen von der Frage hinsichtlich der Schattierungen von Empfindungen stützt weder klinische noch persönliche Erfahrung die Meinung, daß alle Stellungen für ein gegebenes Paar »mechanisch gleich wirksam« sind, obwohl es statistisch für die Gesamtheit durchaus zutreffen mag. Mag der indische Versuch, diese Vorzüge mit Körperbau und Gestalt zu verbinden, richtig sein oder nicht, so stimmen doch sowohl moderne als auch antike Ratgeber in der Erfahrung überein, daß manche Frauen in gewissen Stellungen leichter zum Orgasmus gebracht werden können als in anderen.

»Es wird hierzu immer wieder erzählt«, sagt Al-Nafzawi, »daß ein Mann ein Weib von unvergleichlicher Schönheit, voller Talente und guter Eigenschaften hatte, dessen er sich in der üblichen Weise erfreute, ohne alle anderen zu beachten. Diese Frau erfuhr nie etwas von den Freuden, die sich bei dem Akt ergeben sollten, und war stets schlechter Laune. Der Mann beklagte sich darüber bei einer alten Frau, und sie sprach zu ihm: ›Gehe zu anderen Methoden der fleischlichen Vereinigung über und suche, bis du eine gefunden hast, die sie befriedigt – von da an bleibe bei dieser Haltung, und die Hingabe deiner Frau wird grenzenlos sein.‹ Der Mann befolgte die Ermahnung, erprobte alle der Wissenschaft bekannten Methoden und gelangte zu der, die man als Dok el-Arz kennt. Da merkte er, daß sein Weib in beunruhigend intensives Entzücken geriet, spürte die befriedigendsten inneren Regungen dabei und hörte sie sagen, während sie sich vor Ekstase auf die Lippen biß: ›Nun hast du den richtigen Weg gefunden, mich zu lieben!‹«

Wieweit Vorzüge dieser Art der Anatomie zu verdanken

sind und wieweit der Psychosymbolik, ist noch eine offene Frage. Die treffende Antwort ist wohl die, daß sie, wie unsere Sitz- oder Ganghaltung, beides widerspiegeln.

Die Zweifel daran, ob die bandhas, oder die Stellungen beim Coitus, wie sie in den indischen Büchern beschrieben werden, je ausgeübt wurden oder überhaupt anatomisch möglich sind, kann man gleichfalls als naiv bezeichnen. Viele, vor allem die in den späteren Lehrbüchern, sind bestimmt weit schwieriger als jene in anderen erotischen Literaturen, aber das scheint ein direktes Ergebnis der weitverbreiteten Ausübung der Gymnastik des Hatha Yoga zu sein. Für die Fähigkeit, in padmasana zu sitzen oder gar zu liegen, der Haupthaltung beim Coitus für eine padmini oder »Lotus-Herrin«, benötigt ein Europäer, der nicht gewohnt ist, auf dem Boden zu sitzen, einige Monate Übung.

Die Stellungen beim Coitus, die in verschiedenen Kulturen beliebt sind, haben ihren eigenen Charakter – teilweise diktiert sie die herrschende Sitte beim Gebrauch von Möbeln. So spezialisiert sich die arabische Literatur auf halb seitliche Stellungen und die chinesische auf solche, wobei die Achsen von Penis und Vagina divergieren. Was die Vielzahl nur wenig voneinander abweichender Haltungen betrifft, so muß daran erinnert werden, daß sie nicht gedacht sind als einzelne Haltung für einen einzelnen Akt, sondern als Sequenzen, wie Tanzschritte, mit mehreren Veränderungen während einer Vereinigung, in deren Verlauf die Frau mehrere Orgasmen bei einem einzigen des Mannes erleben sollte; jede Figur muß damit zur nächsten führen, und es sind geringe Unterschiede, die die Fortsetzung beeinflussen – wie der Unterschied zwischen einer stürmischen Wendung und einer natürlichen Drehung beim Quickstep.

Manchmal hat diese Art sexueller Choreographie eine noch engere symbolische Verwandtschaft mit dem Tanz – so wenn nacheinander die »Fisch«-, »Schildkröten«-, »Rad«- und »Seemuschel«-Stellung angenommen werden (matsya, kaurma, cakra, sanhabandha) und man sich selbst mit den ersten vier Avatars von Vishnu identifiziert: wer diesen religiösen Doppelsinn mit Skepsis betrachtet, unterschätzt die indische Vorliebe, auf mehr als einer Ebene zu leben, die sogar noch die Vorliebe der heutigen avantgardistischen Dramatiker übertrifft. In der indischen Tradition ist diese Analogie mit dem Tanz aber nicht nur willkürlich, denn es gibt enge Beziehungen zwischen den erotischen Texten und dem Bharata Natya Shastra, Kapitel XXIV, das tatsächlich von vaisika upacara handelt, der Ausübung von Hurerei als Teil der Tanztechnik. Die Virtuosen einer Kunst praktizierten nicht nur die andere, sondern es lag, aus den Skulpturen zu schließen, im Geist eines Tanzes, daß dabei ritueller und möglicherweise auch weltlicher Coitus ausgeführt wurde. Das setzt einen Grad von Beherrschung voraus, den in unserer Kultur manche Männer ganz unglaublich finden, der aber gemeinhin in Gesellschaftsordnungen erreicht wird, die das sexuelle Empfinden verfeinert haben. Es scheint aber auch das Ergebnis von Panurges souveränem Heilmittel gegen die Begierde zu sein, nämlich häufigen Verkehr zuzüglich einer Art von kultureller Immunität. Kein indischer Leser verspürt nämlich mehr Erregung bei der Lektüre des Ratirahasya, sogar bei einer reichhaltig illustrierten Ausgabe nicht, als wir bei einem Buch über Gesellschaftstanz. In Indien, und noch häufiger in China, wurde manchmal die Ejakulation überhaupt vermieden, besonders von Mystikern und Philosophen, die sich der medizinisch-magischen Vorstellung ergaben, der Mann müsse die sexuelle Kraft der Frau absorbieren, ohne ihr zu gestatten, ihm die eigene zu rauben, die im Samen enthalten war. Sakyamuni, der Buddhaschaft erreichte, indem er in seinem Harem Tantrik-Meditation pflegte, glaubte, daß »Erleuchtung in den Geschlechtsteilen des Weibes wohnt.« (Buddhatvam yosityonisamasritam.) Besonders chinesische Weise stellten in allen Einzelheiten ein Programm für die Assimilierung dieses energetischen Prinzips aus einer Folge von Frauen auf[4], aber sie warnten davor, daß das mit solcher Mühe Gesammelte durch eine einzige Ejakulation verschwendet werden würde. Wenn sie erfolgte, wurde der Adept wieder dem Rad des Daseins unterworfen (Eliade, 1958). Der Aberglaube, der Same sei die Quintessenz des Mannes und sein Verlust bedeute ständigen Abstieg, ist noch heute in englischen Büchern über persönliche Hygiene zu finden, trotz der allgemein bekannten Kraft der Hengste im Gestüt. Der Gegenstand der Shakta-Riten, von denen die Khajuraho-Tempel inspiriert wurden und die man in Skulpturen festhielt, sollten Erleuchtung und Langlebigkeit gewährleisten – mehrere der Candella-Könige, die wahrscheinlich an diesen Riten teilnahmen, erreichten tatsächlich ein hohes Alter (Zannas und Auboyer, 1960). Das Rajatarangini von Kalhana beschreibt, wie König Harsa von Kaschmir (etwa 1090 n. Chr.) Sklavenmädchen als Geschenk annahm, die in die Kaula-Sexualtechnik eingeweiht waren, und erfreute sich ihrer, »denn er wünschte lange zu leben«. Die Vermeidung des Alterns eines Mannes durch den Verkehr mit jungen Frauen war allgemeiner Glaube in der weltlichen wie in der religiös-magischen Praxis. Ein Faktor für die Popularität komplizierter Stellungen war wahrscheinlich das Anwachsen einer Überlieferung von »Bild-Stellungen«, diktiert von der Notwendigkeit, die Liebenden auf den Tempelskulpturen stehend darzustellen – wo die Künstler von Khajuraho aus rituellen und dekorativen Gründen eine liegende Haltung benötigen würden, um ein viereckiges Feld auszufüllen, das normalerweise von einem Gott belegt würde, stellen sie die Szene aufrecht dar, mit einem Partner im Kopfstand, der von Mädchen gestützt wird.[5]

Der Einfluß des Yoga ist einzigartig indisch und auch einzigartig interessant bei der Diskussion darüber, ob es sich bei den Stellungen um Symbolismus oder Physiologie handelt. Seiner weitverbreiteten Pflege als gymnastisches System (ghatasta

Yoga) ist die Geschicklichkeit der Inder zuzuschreiben, der modernen wie der antiken, gleich welchen Geschlechts, mit Leichtigkeit ungewöhnliche Stellungen anzunehmen. Von Vatsyayana an scheint eine vollständige Folge von bandhas direkt den Yogaübungen entnommen worden zu sein, und diese Sequenz wird immer länger und komplizierter in den späteren Abhandlungen über Erotik, bis sie wirklich außergewöhnliche tours de force enthält, wie etwa Coitus mit der Frau kopfabwärts in sirsasana, oder die phanipasa und kukkuta bandhas, die noch beschrieben werden sollen. Eine derartige Anwendung von Yogastellungen würde von einigen modernen Gurus abgelehnt werden, die der Ansicht sind, daß die Funktion des Hatha-Yoga darin besteht, Meisterschaft über die Leidenschaften bis zu dem Grad zu erreichen, »daß alle Frauen als gleich und mit Gleichgültigkeit betrachtet werden« – verteidigt aber von anderen, die darauf hinweisen, daß es nirgends wünschenswerter ist, die Leidenschaften zu beherrschen als beim Coitus. Der Zweck dieser Stellungen besteht genau darin, daß die Ejakulation verzögert wird. Die von tibetanischen Tantrik-Adepten berichtete »Immunität« gegen erotische Figuren und Schaustellungen hat, wenn es wirklich so ist, das gleiche Ziel (Foreman, 1936). Für uns ist die Feststellung wahrscheinlich noch interessanter, daß im Hatha-Yoga die Verbindung von physikalisch herbeigeführten Empfindungen mit durch Phantasie erzeugten körperlichen Veränderungen einigen Phänomenen äußerst ähnlich ist, die wir beim Fetischismus als spontanen Zwang auftreten sehen – besonders bei der Pflege von Gefühlen wie Bedrückung, Spannung, Fesselung und anwachsendem Druck innerhalb des Schädels, auch schematischen Symbolen, etwa das Verlangen, Glieder zu unterdrücken oder äußere Geschlechtsmerkmale zu verbergen oder auch geradezu bizarre Züge wie das Herausstrecken der Zunge in ungewöhnlichem Maß oder die Fähigkeit, Wasser in den Mastdarm und in die Blase zu pumpen. Viele dieser Phantastereien tauchen nicht nur regelmäßig mit strenger sexueller Prägung in europäischer, überhaupt in persönlicher Praxis auf, sondern auch die verkrampften Haltungen, die den Opfern in unserer eigenen ausgedehnten masochistisch-sadistischen Bilderliteratur auferlegt werden, haben eine ausgesprochene Ähnlichkeit mit yoga asanas (akrobatischen Stellungen mit symbolischer Bedeutung).

Hier ist weder die Zeit dafür, noch gibt es wohl auch genügend erreichbares Material, um in die psychologischen Motive der Yoga-Mystik einzudringen. Die offenbare Betonung ekstatischer Erfahrungen beim Yoga, die fast einer Rückkehr zur Kindheit gleichen, und der Erlangung subjektiver Bisexualität (der Yogi lernt nicht nur, seine Genitalien zurückzuziehen, bis sie verschwinden, sondern stellt sich auch in seiner Phantasie eine Vulva in seinem Perineum als den Ursprung der Kundalinikraft vor, die bis zu seinem Gehirn »aufsteigt«) kann uns irreführen, indem wir dem Symbolismus auf Kosten des direkten körperlichen Anreizes zu große Bedeutung beimessen – die Tatsache, daß der Fetischist diesem symbolische Bedeutung gibt, während der Gebrauch der vom Yoga abgeleiteten bandhas direkt zu erhöhtem sexuellem Empfinden führt, mag nichts weiter bedeuten, als daß solche Formen, um bei Freuds Terminus zu bleiben, »überkompensiert« werden und die Anreize in ihnen selbst wirksam sind. Im Hinblick auf das Ausmaß offensichtlicher Aggressivität, wie sie sich für uns im indischen Liebesspiel ausdrückt und möglicherweise entlädt, ist es faszinierend, darüber nachzudenken, wieweit die Vielfältigkeit der bandhas einen entsprechend ausgleichenden Wert besaß, andere vorgeburtliche Triebe loszuwerden. Die Ähnlichkeit zwischen der Anwendung von Yogastellungen in der erotischen Literatur Indiens und der Benutzung verdrehter Haltungen, erotischer Hörigkeit und ähnlichem in der sexuellen Praxis, Kunst und Phantasie so vieler anderer Kulturen, einschließlich unserer eigenen, kann kaum als Zufall angesehen werden.[6]

Die scheinbare Heftigkeit der Sanskrit-Liebhaber, wenn sie

uns in unserer Kultur auch in diesen Schriften wie ein Exzeß erscheint, ist doch mehr scheinbar als wirklich und hat bei der starren, stilisierten Form, in der sie sich vollzieht, eher spielerischen Charakter. Wir können die Rolle leicht überschätzen, die dieses Element in der Praxis spielte – aus den Texten geht klar hervor, daß gewalttätiges Benehmen bei den meisten Leuten und in den meisten Gegenden gering war; sie betonen nie die Zufügung von Schmerzen um ihrer selbst willen, und sie sind sich alle darin einig, daß auf die Gefühle der Frau, als dem schwächeren Partner, Rücksicht zu nehmen ist – nie tragen Beißen, Kratzen und Schläge sadistische Züge, und soweit sie in den klassifizierten Beschreibungen vorkommen, bleiben sie in den Grenzen, in denen wahrscheinlich einige durchaus normale Leute auch in unserer Kultur den Coitus ausüben. Vergleichende Studien haben ergeben, daß der eigentlich heftige Typ des Beischlafs in einer Gesellschaft vorherrscht, in der es ein gewisses Maß von sexueller Gleichheit gibt[7], und daß oft die Frau damit beginnt. Im Gegenteil, es gibt keine betont abstoßenden Züge – rituelle Flagellanten zum Beispiel erscheinen überhaupt nie, während fast die gesamte erlaubte erotische Literatur unserer Kultur, worin sich natürlich auch der Einfluß der Zensur auswirkt, davon handelt.

Im purusayita-bandha, wo die Frau die Rolle des Mannes übernimmt und ganz bewußt die »Beherrschung« des Mannes innehat, verrät sich diese Gleichheit. Es wirkt überraschend und wird in vielen anderen Kulturen aus Gründen der Religion, Hygiene oder Manneswürde abgelehnt. In der indischen Literatur aber wird es als fairer Austausch völlig akzeptiert. Dieses Betragen wird in der Literatur ständig gepriesen – so benimmt sich Parvati bei Gott Shiva, Lakshmi bei Gott Vishnu, und so handeln alle Rechtschaffenen. »Es gibt Männer mit Verdiensten aus vergangenen Existenzen, die den Honig von den Lippen ihrer Frauen schlürfen, während die Frauen über ihnen mit herabfallendem Haar und halb geschlossenen Blütenaugen ermattet vom Orgasmus in Schlaf fallen... Es wird gesagt, daß bei einem Mann mit Verdiensten aus früheren Existenzen die Zunge schweigt und ihre Fußringe keinen Laut geben, wenn das Weib ihn in der purusayita Stellung reitet.« (Vasanta Vilasa.) Wie die Dichter sagen, sollte sie ihren am meisten klirrenden Schmuck tragen (Ohrringe, Gürtel, Fußringe). So reitet Radha auf Gott Krishna (Gita-Govinda 2–7), während »Lakshmi auf ihrem Gott ritt, der auf dem Rücken lag, und eingeschüchtert wurde, als sie Brahma in Seinem Nabel-Lotus sah – deshalb beschattete sie Sein rechtes Auge (die Sonne) mit ihrer Hand, um den Lotus zu schließen.« (Subasita Ratnakara.) Was bei Göttern nicht unmännlich wirkt, liegt gewiß nicht unter der Würde eines Mannes.

Die echte Zärtlichkeit, mit der ein Mann sich dem Weibe nähert, ist beim Inder ein hervorstechender Zug, im Gegensatz zu anderen erotischen Lehren des Orients. Während die Frau dem Mann unterworfen ist, auch gewissen gesellschaftlichen Gesetzen, die ihr mit Strafe drohen; wenn er auf Reisen ist, wird von ihr erwartet, daß sie sich auf sexuellem Gebiet schadlos hält. Vatsyayanas Bemerkungen gehen alle in dieser Richtung – so muß der Mann beim Ehebruch dharma berücksichtigen, obwohl er seine Verfehlung damit rechtfertigen kann, daß sie seinem Vorteil dient. Eine Frau aber braucht keine Bedenken zu haben, sie liebt ohne Rücksicht darauf. Die Kehrseite dieses Paternalismus ist, daß die große Aufgabe und Pflicht des Mannes darin besteht, sie sexuell zu befriedigen, wobei er seine eigenen Wünsche zurückstellen und ihre Empfindungen und Besonderheiten sogar auf Kosten seiner eigenen beachten muß.

Es wäre absurd, die mittelalterliche Hindukultur in unserem zeitgenössischen Sinn als feminin anzusehen, aber ihre Einstellung entspricht unserer eigenen viel mehr als andere erotische Auffassungen des Ostens. Sie könnte von uns völlig falsch beurteilt werden, wenn wir sie nur aus viktorianischen Erzählungen über Witwenverbrennungen kennen. Die meisten arabischen Werke gehören hingegen einer Tradition an, die ganz nach Sklaverei und Domestikentum aussieht. Sie wirken schon nicht mehr erotisch, sondern lasziv. Die Frau wird dabei eher ein geplagter Untertan als ein Partner. Sie muß belustigt werden, um sich ihre Mitwirkung zu sichern, sie kann aber ebensogut genotzüchtigt werden, wenn man anders mit ihr nicht fertig werden kann. Einige arabische Schriftsteller geben groteske Beschreibungen, wie man sie zwingt, sexuell wirkungsvolle Bewegungen zu machen, oder wie sie sogar gegen ihren Willen zum Orgasmus gebracht werden kann.

Im mittelalterlichen chinesischen Haushalt, wie er im King Ping Meh geschildert wird, einer ungewöhnlich in die Einzelheiten gehenden dichterischen Erzählung über das gesellschaftliche und sexuelle Benehmen in einem Haus der Oberklasse mit Polygamie, wird von den Herrinnen und Gattinnen des verweichlichten Helden erwartet, daß sie ihn befriedigen, ohne auf ihre eigenen Gefühle Rücksicht zu nehmen. Sie sollen sich von ihm verführen, rauh behandeln, anbinden, mit Weihrauch verbrennen und sich sonstigen erotischen Experimenten unterwerfen lassen – genauso wie sie in Dingen, die nichts mit Sex zu tun haben, brutal geschlagen werden können, wenn sie sein Mißfallen erregen. Obwohl viele dieser sexuellen Handlungen zur Tradition gehören und so dargestellt werden, als empfände man dabei Freude, so ist doch von Zärtlichkeit nicht viel zu spüren, und die Frauen haben keine Gelegenheit, sich selber aggressiv beim Coitus zu betätigen – dafür tun sie es gesellschaftlich, indem sie gegen ihre Gatten oder gegeneinander intrigieren. Der Frau in der Sanskritliteratur hingegen ist es gestattet, ja sie wird sogar dazu aufgefordert, Vergeltung zu üben, wenn der Mann aggressiv ist, und wenn sie es wünscht, darf sie auch mit Tätlichkeiten beginnen. Der Mann mag gewiß sein eigenes Vergnügen suchen, aber der Coitus ist das eigentliche Gebiet der Frau. King Ping Meh ist, wie van Gulik (1951) ausführt, ein pikanter Roman und hat nicht mehr Ähnlichkeit mit den wirklichen Verhältnissen dieser Zeit als unsere heutigen Liebesromane mit unseren Zeitumständen. Die erotischen Techniken in der Ming-Zeit und in früheren Schriften sind viel weniger gewaltsam. Doch vom Gesichtspunkt der Frau aus mag das keinen Gewinn bedeuten, wenn es ihr die Möglichkeit nimmt, ihre Launen und Enttäuschungen auf konventionelle und anerkannte Weise abzureagieren, von der sie weiß, daß sie die Zuneigung ihres Gatten nicht bedrohen wird. Die indische Frau des Kama Sutra fühlt sich so sicher wie ein kleines Mädchen, das im Spiel aggressiv sein darf, ohne fürchten zu müssen, dadurch die Liebe der Eltern zu verlieren.

Diese Einstellung ist typisch für die indische Literatur ganz allgemein. Wenn die Preisgabe Sitas oder der Verlust Draupadis beim Würfelspiel mit kameradschaftlichen Beziehungen oder der Achtung vor der Frau unvereinbar erscheinen, so müssen wir daran erinnern, daß sie, wie Jephthas Tochter, aus der volkstümlichen Überlieferung stammen. In ihrer klassischen Form verdanken sie ihre Eindringlichkeit genau der Tatsache, daß spätere Sitten ein zärtliches Element in die Geschichte eingeführt haben, das die Zuhörer reagieren läßt wie uns auf Antigones Verdammung.[8]

Es ist wichtig, in diesem Zusammenhang festzuhalten, daß die Liebesliteratur in Sanskrit nicht gedacht ist, um Sitten zu kodifizieren und als praktischer Ratgeber zu dienen – sie wurde ebenso für Rhetoriker, vor allem aber für Schriftsteller, Maler und Dramatiker geschrieben, die sie mit einer »Affektenlehre« versorgte – mit einem System, das das Gebiet der Liebe in einer Reihe von klassischen Zusammenhängen darstellte.

Die beiden Aufgaben – Belehrung in Sex und in der Kunst – waren völlig kongruent, beides ist im Sinne des »dreifachen Weges« – Pflicht, Sinnlichkeit und praktisches Leben – Funktion der Befriedigung der Sinne und des Verlangens, das ihnen entspricht (Kama), und alle Erfahrungen, die wir in erotische und ästhetische trennen würden, sind einer einzigen Freude verbunden, in srngara (»Affektion« und »Affekt« in einem). Dazu gehört die Schätzung der Schönheit schlechthin und die Schätzung der Schönheit der Frau, Vergnügen aus der Befriedigung der Wünsche, wie sie aus früherer Erfahrung angenehmer Betätigung stammt (Jagd, Musik oder Geschlechtsverkehr), dazu der »Trieb«, der angenehme Gefühle begleitet, um ihre Wiederholung oder Fortdauer zu sichern. Der »Trieb« ist Kama – nach indischem Standpunkt niedriger sowohl als artha (»Sammeln von Zeug« – nützliche und einträgliche Tätigkeit) als auch dharma (Kenntnis des rechten Verhaltens sowohl in religiösen als auch praktischen Dingen). Srngara ist die Gemütsbewegung jener, deren Kama im Augenblick befriedigt ist – und bedeutet auch, da »Trennung eine Art von Liebe« ist, die bittersüßen Erfahrungen, die mit zeitlicher Behinderung des Kamas zusammenhängen, wodurch ihre Intensität möglicherweise übertrieben wird. Sie sind im allgemeinen der Gegenstand der Kunst. Liebe selbst ist eine Kunst, und Kunst, die sich mit Liebe befaßt, hat eine doppelte Wirkung, indem sie zwei Quellen von srngara gleichzeitig darstellt oder erschafft.

Wir begegnen demselben Gedanken auch beim religiösen Gebrauch sexueller Themen – sie sind zugleich doktrinär lehrreich, indem sie uns einerseits zu einer Art Erlösung (moksa) durch die Wahrheiten führen, die sie symbolisieren, anderseits zur Erlösung durch srngara der Kunst und durch die Aufforderung, srngara durch sexuelle Betätigung zu suchen.[9]

Außerdem können sie unserer eigenen Kulturepoche Aufschluß über die nayikas geben, denn die indischen Verfasser von Werken über Erotik und Rhetorik überlassen uns einen wesentlichen Schlüssel zur Identität und Ikonographie der nayikas, die das Lieblingsthema indischer Kunst bilden. Wenn man sie bei der Betrachtung dieser Kunst ausschließt, so ist es, als wollte man die Malerei der Renaissance verstehen, ohne die griechische Mythologie und die Namen der meisten Heiligen zu kennen. Die Redekünstler legten eine Reihe von Situationen fest, wie sie zur Darstellung der Liebe in allen ihren Phasen gehören, und die nayikas und ihre Partner erscheinen darin so, daß wir uns ein Bild von ihnen machen können. Ein indischer Künstler wird die prositapatika (die Frau, deren Gatte auf Reisen ist) abbilden, wo ein Künstler der Renaissance sein Bild »Penelope« betitelt hätte, oder vipralabdha (eine, die ihr Liebhaber versetzt hat, und die umsonst beim Rendezvous wartet), wo Augustus Egg sein Bild »Er kommet nicht, sprach sie« benannt hätte. Das literarische Element in der Kunst der Renaissance oder des viktorianischen Zeitalters, christliche Heiligenbilder und indische Darstellungen von nayikas sind sich also ähnlich darin, daß der Künstler bei beiden annimmt, uns sei bekannt, worauf er anspiele.

In der indischen Kunst sind die nayikas allgegenwärtig. Jene, die tanzen, baden, Blumen pflücken oder sich in Rajasthani lieben und ähnliche Malereien sind oft raginis – das heißt nayikas, deren herkömmliche Stellung in einer besonderen Farbe und besonderer musikalischer Form ausgedrückt wird. Andere werden speziell für Bilderbücher von rasas gezeichnet – als rhetorische Typologien oder »Würze« von Liebe und Stimmung. Die Themen wechseln von System zu System, aber außer der prositapatika und der vipralabdha, die vorhin erwähnt wurden, können wir gewöhnlich schon die svadhinapatika erkennen (jene, die ihren Gatten durch ihre Reize hält), die virahotkanthita (nach deren Liebstem geschickt worden ist, aber er antwortet nicht), die vasakasajja (die begierig darauf wartet, daß er zum Stelldichein kommt), die kalahantarita (die mit ihm Streit hatte und es nun bereut), die khandita (deren Liebhaber mit wenig sexuellem Verlangen zu ihr kommt und Zeichen trägt, die nicht sie verursachte) und die abhisarika (sie, die alle Scham aufgibt, der Nacht und dem Wetter trotzt und ausgeht, um ihn zu finden).[10] Daneben haben wir die prosyatapatika (deren Gatte von einer Reise spricht, während sie mit aufgelöstem Haar und ohne Schmuck ihn zu überreden sucht, daheim zu bleiben). Wir begegnen auch der Einteilung jeder Kategorien in »gut«, »mittel« und »dürftig« – gut ist jene, die nur ärgerlich ist, wenn sie Grund dazu hat, mittel ist jene, die mitunter unnötig streitet, sich aber versöhnt, dürftig ist jene, die schimpft und Fehler an einem tadellosen Liebhaber findet. Die entsprechenden Männer dazu sind der treue, der taktvoll untreue (daksina), der unverschämte und der wirklich ungebildete. Die Quelle hierfür bilden das Kavyalamkara und ähnliche Bücher, aber kurze Partien daraus sind in einige erotische Werke aufgenommen worden, so ins Ananga Ranga, zusätzlich zu den rein sexuellen Typen der »Lotus-Herrin«, des »Hirsches« und so weiter – Kategorien, die auf körperlichen Erscheinungen basieren.

In den Tempelskulpturen, besonders in den mittelalterlichen Ost- und Zentralindiens, gibt es überall nayikas. Einige sind yaksis, Schutzgeister und weibliche Faune im Gefolge des Gottes Kubera – große Mädchen mit Stumpfnasen vom Typ der »Muschel-Herrin« (sankhini), die als Zuschauer, Kaneelfüller, Karyatiden und Verzierungen von Türpfosten dienen (stambhapattalika). Andere sind apsarases und surasundaris, Arten der »Bild«- oder »Phantasie-Herrin« (citrini), himmlische Gehilfinnen der Haupthetäre im Himmel Urvasi, deren Mission es ist, eingebildete Weise in Versuchung zu führen und zu verhindern, daß sie gefährlich heilig werden, wenn sie durch Enthaltsamkeit fast die Vollendung erreicht haben. Andere sind wie ihre Partner gandharvas (engelhafte Musikanten) oder kinnaras (Vogelvolk), fliegend oder tanzend im Giebelfeld von Türen oder Bögen und Winkeln der Decken. Aber viele von ihnen sind nichts weiter als Menschenmädchen mit der typischen Gestalt und dem Gesicht ihrer Region – sie denken nach, spielen mit Vögeln, machen sich zurecht, kämmen ihr Haar. Vor allem aber lieben sie sich mit ihren nayakas in den maithuna-Gruppen (s. Tafel 2 u. 5), die zu den einzigartigen Schönheiten der

Hinduplastik gehören. Nur ein paar von ihnen sind der Ekstase unterlegen, haben vergessen, daß sie sich an öffentlichem Ort befinden und verlieren sich aus dieser Welt im Kosen oder im Coitus – die meisten sind spröde oder still verliebt; Gestalten aus der Menge bei einem Fest, die einander längst vergessen haben und nur noch Zuschauer sind. Einige sind Ehepaare (dampati), die in ihrer Eigenschaft als Spender und Patrone anwesend sind. Viele stehen einfach beisammen und strahlen ein viel stärkeres Gefühl der Ruhe aus, als es sonstige Liebende in der Kunst tun. Man kann ihre im Flüsterton geführte Unterhaltung belauschen. Ihre vertrauliche Zärtlichkeit scheint oft in andere Zustände des Daseins übergegangen zu sein – da sind die ganas, groteske Wesen, die auf dem Grunde der Friese und in Medaillons angebracht sind, nur von einem Zwerg gehalten, oder von nagas (Schlangengeister), die ihre Schwanzenden mit denen ihrer naginis verflochten haben. Die einzelnen Figuren, die es da gibt, sind wohl apsarases, die sich momentan vom Tanz ausruhen; sie sind ziemlich menschenähnlich geworden. Wenn sie auch allein sind, so beabsichtigen sie doch nicht, es lange zu bleiben – inzwischen schreiben sie Briefe, suchen ihre Füße nach Dornen ab oder schauen in Spiegel – sei es, daß sie von ihrer eigenen Schönheit geblendet sind, oder nach den Malen suchen, die die Fingernägel ihres letzten Liebhabers hinterlassen haben.

Die Wirkung der Anhäufung von all diesen Frauen, die Zärtlichkeit und Vergnügen bei einer Gelegenheit feiern, wo unsere eigene religiöse Kunst Schmerz und Entsagung verherrlicht – göttliche Frauen, die keine Jungfrauen mehr sind oder es nicht länger sein wollen, als unumgänglich notwendig ist, die offensichtlich stolz darauf sind, daß sie Liebe empfangen, und sie nicht verschmähen – das gibt der religiösen Kunst der Hindus in den Augen des Europäers eine einzigartige Wärme. Wenn wir erst diese Bilderwelt kennen und ihre Formen billigen – die vielarmigen Gottheiten, mit denen wir uns durch

Filme ausgesöhnt haben, deren Gefolge alle diese menschlichen und engelhaften Wesen bilden – werden wir wahrscheinlich zur religiösen Kunst des Christentums mit einem wachsenden Gefühl seelischen Darbens zurückkehren. Das braucht mit einer Schwärmerei für die Hindukultur nichts zu tun zu haben. Zusammen mit seinen nayikas hat der klassische Hinduismus Asketen hervorgebracht, die noch grotesker sind als unsere eigenen, aber sogar das kann St. Ursula mit ihren zehntausend Jungfrauen und St. Lucia, die ihre Augen zu ihrem Liebhaber auf einer Servierplatte erhebt, vergleichsweise nicht anders als geschmacklos erscheinen lassen. Wenn Inder gelegentlich den Wunsch ausdrücken, daß die Archäologische Kommission unter den Tempelskulpturen »aufräumen« sollte, indem sie taktvoll die besonders erotischen von den maithunas entfernen ließe, weil sie das Schamgefühl der modernen Inder verletzten, so möchte man ihnen am liebsten sagen, daß sie am falschen Ort nach Obszönem Ausschau halten und es viel verständlicher, wenn auch nicht gerechtfertigter wäre, wenn diese scheinheiligen Bilderstürmer ihre Messer an einigen unserer eigenen emotionell besonders verborgenen Heiligen wetzen wollten.

Der Gewinn, den moderne Leser wahrscheinlich von der erotischen Literatur Indiens haben werden, liegt genau auf dieser Ebene, aus welchen Gründen auch immer sie nach dieser Lektüre greifen. Viele werden es nicht sein, die daraus ihnen bislang unbekannte sexuelle Techniken erlernen könnten. Sie werden sie längst für sich erfunden haben. Was aber für sie und für uns von Nutzen ist – trotz des Zeit- und Kulturunterschiedes, der uns von der Sanskritliteratur trennt, liegt in der gegensätzlichen Einstellung: Billigung und Vergnügen, wo wir seit Generationen belehrt worden sind, von Gefahr und Schuld zu reden.

Dabei ist moralische Belehrung, die in unserer sexuellen Literatur überwiegt, nicht vernachlässigt worden – wir werden vor der Unwissenheit des Lasterhaften gewarnt, aber nicht allzu fanatisch. Vatsyayana, und Kokkoka nach ihm, hören sich oft mörderisch zynisch an – wenn sie z. B. bei der Prozedur der Verführung ins Detail gehen oder die praktischen Gründe behandeln, mit denen Ehebruch entschuldbar ist. Wie jeder zugeben wird, der als Mediziner oder Jurist gewohnt ist, wirkliche Beweggründe seiner Mitmenschen anzuhören, werden hier nur Ziele und Beispiele ausgedrückt, die die meisten von uns zu irgendeiner Zeit in sich tragen, es aber vorziehen, sie zu verbergen – wenn wir nicht professionelle Kuppler anheuern, die für uns die Verführung besorgen. Der Unterschied ist rein kultureller und nicht moralischer Natur – doch keiner kann behaupten, daß die indischen Meister – oft selber Asketen – uns nicht vor den schmerzlichen Folgen derartiger Ausschweifungen ernsthaft warnten.

Parakiya oder die ehebrecherische »Würze« in der Liebe hat selbst eine religiöse Bedeutung. Wie man aus der Liebe von Krishna und Radha sieht, wird dadurch die selbstloseste Form der Hingabe versinnbildlicht, vor allem wegen der Mißachtung von Erwägungen der Vernunft.

Im Gegensatz zu Vatsyayana hat Kokkoka wenig über Prostitution zu sagen – sein Verführer nähert sich einer verheirateten Frau. Der Grund für diese Auslassung ist seltsam – er ist nicht moralischer Natur, denn die Hetäre war ein hochgeehrtes Mitglied der alten höfischen Gesellschaft, in ihrer Stellung einem Konzertpianisten oder einer Ballerina unserer Tage vergleichbar. Auch sie war eine Künstlerin, eine Dienerin des Kama; die weniger aristokratische Herrin-die-von-ihrer-Schönheit-lebt (rupajiva) wurde nicht verachtet, wenn auch ein Brahmane sie meiden sollte. Kokkoka ließ wahrscheinlich diese Profession aus, weil sie zu dem Bereich von Artha (nützliche und gewinnbringende Künste) und nicht nur des Kama (reine Aesthesis) gehört – solch ein praktischer Hang ist ein höheres Motiv nach indischem Gesichtspunkt und gibt ihr Kredit: Becky Sharp, die Artha nachgeht, ist aus diesem Grunde ehrbarer als Juliet, die sich nur wegen ihrer unpraktischen Narrheit, die aus Kama entsteht, zu Tode wurstelt, was keinem nützt. Aus demselben Grunde kommt der Professionalismus in der Liebe für Kokkoka nicht in Betracht.

Jene Dinge bei Kokkoka, die einen Christen erzürnen können, sind nur das Gegenstück zu jenen Dingen im Christentum, derentwegen ein Hindu es als Religion für Barbaren bezeichnet (mlecchamata) – die Kluft ist unüberbrückbar; andererseits ist der Unterschied in der Einstellung höchst lehrreich und kann uns, ohne daß wir den Hinduismus in seiner Gesamtheit schlukken, Einsichten in die vorgefaßten Meinungen unserer eigenen Kultur geben, wenn wir es gestatten.

Ich habe an anderer Stelle ausgeführt, daß die gesellschaftliche Hauptaufgabe der erotischen Literatur eher darin besteht, ein positives Verhältnis zu ihr zu finden und die Ängstlichkeit vor dem Sexuellen zu überwinden als in der Erteilung spezieller Informationen. Eine Gesellschaft, die fähig ist, eine erotische Literatur zu unterstützen, die speziell Vergnügungen gewidmet ist wie »Jagd, Tanz und Musik« und Kokkokas sonstige Beispiele von »Vergnügen, das durch die Erinnerung an eine angenehme Tätigkeit – abhyasiki priti –« entsteht, hat größtenteils die Angst vor dem Sexuellen überwunden. Es geht mehr um diese Art von Beruhigung als um »Stimulierung« in einer Gesellschaft, wo diese Ängste künstlich genährt und erhalten wurden, woraus sich heute die große Nachfrage des Publikums nach spezifischer erotischer Literatur ergibt. Die informative Aufgabe steht an zweiter Stelle – eine derartige Literatur strebt nach Verfeinerung und Entwicklung, und in dem Gedanken, daß körperliches Vergnügen frei erlebt werden soll, liegt ein Teil ihrer Daseinsberechtigung. Für Vatsyayana war es jedenfalls natürlich, daß die Techniken des Kama als sexuelle Ästhetik Studium erfordern mußten, wie die Techniken anderer ästhetischer oder realer Tätigkeiten.

»Dharma ist die richtige Ordnung beim Opfer, das Wissen um richtiges Verhalten und andere Dinge von Dauer, die nicht von dieser Welt sind, und bei denen wir nicht nach unmittelbarem Profit ausschauen; auch die Kasteiung des Fleisches und richtige Handlungen, die nach unmittelbarem Profit streben. Es soll aus den Schriften und den Gedanken der Philosophen gelernt werden. Das Mittel, um Erkenntnis zu erlangen und zu erweitern, Land zu bekommen, edle Metalle, Vieh, Getreide, Gerät, Freunde, ist Artha. Wir lernen es von Verwaltern, Gelehrten, Handwerkern und Kaufleuten. Die gebührende Ordnung und Wirkung auf den Geist gemäß der Verschiedenheit der fünf Sinne... ist Kama. Aber das Gefühl, das sich aus den besonderen Kontakten und dem Verlangen der Geschlechter ergibt, ist die Quintessenz von Kama. Das soll aus den Lehrbüchern der Liebe und durch die Berührung mit dem Volk gelernt werden. Nun ist aber Kama bei Tieren Instinkt, entsteht von selbst und benötigt kein Buch, das sagen die Weisen; bei der körperlichen Vereinigung von Mann und Frau benötigt Kama jedoch Hilfe, und ihre Art soll aus den Liebesbüchern erlernt werden, sagt Vatsyayana. Bei den Tieren findet die Paarung von selbst statt, weil das Weibchen keine falsche Zurückhaltung kennt, zur Paarung drängt, wenn es läufig ist, bis es befriedigt ist, und der Akt vollzieht sich, ohne daß etwas bedacht werden muß.« (Einige sagen, Kama solle am besten überhaupt vermieden werden, und weisen auf bemerkenswerte Fälle hin, wo es das Verderben jener hervorrief, die ihm anhingen.) »Tatsächlich aber ist es für das Wohlbefinden des Körpers so notwendig wie Nahrung, und die es beachten, dienen sowohl Dharma als auch Artha. Was die Gefahren anbelangt, so sollten wir aus ihnen lernen. Wir lassen nicht davon ab, Nahrung zu kochen, weil es Bettler gibt, oder Gemüse anzupflanzen, weil es Wild gibt (das es verzehrt, ehe wir es können).

Ein Mann sollte also die Lehrbücher der Liebe studieren, ohne aber jene zu vernachlässigen, die Dharma und Artha gewidmet sind. Eine Frau sollte sie studieren, ehe sie die Pubertät erlangt, oder nach ihres Gatten Belieben, wenn sie verheiratet ist. Einige Gelehrte sagen, es habe keinen Zweck, einer Frau ein Buch der Liebe zu geben, weil sie die Shastras nicht studieren könne. Frauen zeichnen sich aber in allen praktischen Dingen aus, und da Praxis von der Theorie abhängt, sollten sie das Lehrbuch studieren, sagt Vatsyayana. Es gibt im allgemeinen nur wenige Leute, die für das Studium der Shastras geeignet sind, aber alle profitieren von der Praxis, und Praxis ist schließlich die Quelle aller Lehrbücher.« (Weder Elefantentreiber noch Könige lernen ihre Praxis aus Büchern, sondern durch Erfahrung und Beobachtung anderer.) »Es gibt Frauen, die völlig auf dem Boden der Liebesbücher stehen – professionelle Hetären, Prinzessinnen und die Töchter hoher Beamter. Eine Frau sollte insgeheim von einer zuverlässigen Person dieser Art Praxis und Theorie lernen, oder wenigstens einen Teil der Theorie.«

Er erweitert die These, um die allgemeine Erziehung der Frauen zu befürworten, wenn nicht in den Shastras so doch wenigstens in einer unerhörten Liste von vierundsechzig Künsten, vom Tanz bis zur Bearbeitung von Metallen, Dichtung, ärztlichen Behandlung von Tieren und Strategie. Die Kunst der Liebe ist nur der wichtigste Teil einer liberalen Erziehung, die, um es in unserem Jargon zu sagen, darauf abzielt, »mehr vom Leben zu haben«. Unsere Zeit und unsere eigene Kultur scheinen dafür reif zu sein, aus dieser Einstellung zu lernen.

Nun zu meinem eigenen Unterfangen. Ich möchte gern freier sein als die bisherigen »Übersetzer« aus dem Sanskrit hinsichtlich der wissenschaftlichen Ansprüche dieser Version. Meine Kenntnis der Sprache beschränkt sich auf das Wenige, das ich mir beim Studium dieser Literatur wegen ihres Inhalts angeeignet habe, und ohne schon bestehende Übersetzungen in andere Sprachen hätte ich nicht viel mit dem Ratirahasya anfangen können. Jede Beschäftigung mit den erotischen Sanskritschriften verdankt mehr oder weniger (in meinem Fall mehr) R. Schmidts großem, gelehrtem Kompendium der Sanskrittexte mit Übersetzungen, teils ins Deutsche, teils ins Lateinische (1911), und seiner deutschen Ausgabe des Kama Sutra und Jayamangala; ich hatte auch Lienhards vollständige und autorisierte deutsche Übersetzung des Ratirahasya. Iyengars Übersetzung des Kama Sutra, die Hilfe indischer Freunde und mehrere englische und indische Versionen von Sanskrit-Erotica wurden bereits erwähnt. Andererseits habe ich nicht einfach eine Übersetzung übersetzt – ich bin den Originaltext und die Übersetzungen durchgegangen, nicht in der Hoffnung, erfolgreich in der Sanskritgelehrsamkeit wildern zu können, sondern, um zu sehen, was ich daraus in Begriffen machen konnte, die über sexuelles Verhalten in anderen Kulturen und von der menschlichen biologischen Veranlagung schlechthin bekannt sind. Gelehrte des Sanskrit werden wahrscheinlich gut daran tun, diese Version überhaupt zu ignorieren und als eine Paraphrase zu betrachten. Sie sollten sich an Lienhard halten oder überhaupt ans Original. Aus Gründen, die ich in dem Essay angegeben habe, ist mein Buch sowohl für Wissenschaftler als auch für das breite Publikum gedacht.

Die späteren Texte

Wie ich vorgehen will, um einen Überblick über diese Tradition zu geben, habe ich bereits erklärt. Ich will ein Werk, das älteste nach dem Kama Sutra, gänzlich übersetzen und die größeren Abweichungen und Entwicklungen der späteren Werke in entsprechenden Anmerkungen wiedergeben. In seiner rühmenswerten Gründlichkeit bietet Schmidt völlige Übertragungen und die Texte eines jeden Werkes zum Vergleich, aber die Unterschiede sind meistens so gering, daß eine weitere Ausgabe in dieser Art kaum zu rechtfertigen wäre.

Ich habe bereits die meisten der späteren und ergänzenden Quellen namentlich genannt. Ehe ich zu dem angekündigten Beispiel übergehe, könnte es angebracht sein, sie im einzelnen näher zu betrachten. Das Kama Sutra gehört der altindischen Literatur an, das Ratirahasya der des Mittelalters. Es richtet sich also an eine andersgeartete Gesellschaft und enthält Gedanken, die Vatsyayana nicht kannte. Die späteren Texte verteilen sich auf das Mittelalter und die frühe Neuzeit. Sie umspannen die Periode der mohammedanischen und christlichen Invasionen und setzten sich trotz der religiösen Verbote und der durch hinduistische »Reformer« bis auf den heutigen Tag fort. Vielleicht hat die Tradition schließlich an Vitalität verloren – aber es ist interessant, daß das modernste Buch über Stellungen, das in Indien weite Verbreitung gefunden hat, eine englische Übersetzung der etwa 200 Anweisungen aus dem Werk von Weckerle ist, das bereits zitiert wurde (sein Titel lautete »Kinästhesie der Liebe«). Ein derartiges Buch hat aber längst nichts mehr mit der Tradition zu tun, sondern ist das Ergebnis persönlichen Studiums mit eigenen Erfahrungen. Die Generation Gandhis und seiner Schüler hält nichts von erotologischen Überlieferungen, und es täte ihr nicht leid, wenn sie der Vergangenheit angehörten. Meiner Meinung nach aber wäre es bedauerlich.

Der Weg der indischen Erotologie nach dem Ratirahasya besteht hauptsächlich aus Nachahmungen. Einige Texte gehen unmittelbar auf das Kama Sutra zurück – andere fügen neues Material hinzu. Der meiste Stoff der späteren Schriften ist bereits in Kokkokas Werk vorhanden, mit zwei Ausnahmen: die Anzahl der stilisierten Zärtlichkeiten wächst – Massage, Griffe, Ziehen an den Haaren und Fingerspiele werden zu den Küssen, dem Kneifen mit den Fingernägeln und den Bissen hinzugefügt; auch wird von den Rhetorikern Material übernommen, besonders bei der Beschreibung der nayika oder Heroine. Die Aufnahme von Mundpraktiken wächst ständig mit dem Fortschreiten der Zeit. (Alle diese Unterschiede mögen von der wechselnden Gegend abhängen, in der jeweils die literarische Tätigkeit am stärksten war – die späteren Werke scheinen ihren Ursprung südlich und östlich von der Gegend der frühen Texte zu haben.)

Nach Kokkoka wird die astrologische Einteilung der Frauen (padmini usw.) allgemein. Sie allein ist auch heute noch in Indien üblich. Wahrsagerei aus der Hand, Rezepte und Zaubersprüche werden selbstverständlich; ein paar Texte, wie das Ratisastra-ratnavali, verbreiten sich über Eugenik und die Kunst, Kinder mit bestimmten Eigenschaften zu zeugen, ein Aberglaube, der seine Popularität behauptet und allmählich die praktischere und ganz speziell sexuelle Belehrung durch Kokkoka verdrängt hat. Man darf es als eine Folge der Prüderie und der Zensur ansehen. Diese Pseudo-Eugenik, die bei Vatsyayana fehlt, ist in Wirklichkeit sehr alt. Einige der Anweisungen des Ratisastra-ratnavali sind dem Abschnitt über Zeugung in der Brhadaranyaka Upanishad entnommen.

Das Pancasayaka von Jyotirisvara Kavisekhara
Diese Abhandlung (»Fünf Pfeile«, nach den blumenköpfigen Waffen von Kamadeva, Cupido) kommt dem Alter nach hinter dem Koka Shastra und gehört wahrscheinlich der ersten Hälfte

des vierzehnten Jahrhunderts an. Sie wirkt elegant mit ihren kurzen Versen, im Gegensatz zu den langen des Ratirahasya; das Vorwort ist jedoch Kokkokas sehr ähnlich:

»Wohlgeruch des Liebesgottes, Gefährte beim Verkehr mit der Geliebten, Spender der Freuden, dessen Dienst das Verlangen ist, gepriesen sei der Bannerträger von Makara (mythisches Tier des Ganges), alleinige Quelle blinden Verlangens, Kama, dem die lebendige Natur dient! Herr der Erde, Ehre sei Dir, der Du uns die Gabe schenktest, täglich Ihm unsere Ehrerbietung zu bezeigen, dem Anbeter von Srikantha auf Erden, dem Schatzhaus der vierundsechzig Künste, Pfeiler der Musiklehre... Verehrer der Lotusfüße von Parvati. Fortgesetzt werde die Belehrung über Kama, wie sie vom Gott Shiva gegeben wurde, von Vatsyayana; mit Zusätzen von Goniputraka und Muladeva; mit einem Extrakt der Weisheit Babhravyas; mit der Lehre der Sachverständigen Nandisvara und Rantideva und der Wissenschaft von Ksemendra – sind ›Die fünf Pfeile‹ zur Befriedigung aller Liebenden verfaßt.«

Antagonismus und Versöhnung von Shiva und Kama wurde bereits erklärt – der größte Teil dieser alten erotischen Texte richtet sich noch nach Saiva im Gegensatz zu den späteren erotischen Vaisnava-Kulten von Radha und Krishna. Einige Handschriften geben den Namen des Autors als Jyotirisvara an – nach anderen Quellen ist Goniputraka wahrscheinlich der Gonikaputra des Kama Sutra, Ksemendra war der große Kashmiri-Dichter und Dramatiker. Muladeva ist nach den Jain-Überlieferungen der Mitverfasser einer Abhandlung über Diebstahl. Im Vorwort zu den »Fünf Pfeilen« zeigt sich, wie in Kokkokas Gedicht, der Ansatz dazu, das alte System des Kama Sutra mit der neueren Astrologie zu verbinden. Schmidt datiert es mit dem elften Jahrhundert – wonach es ein Zeitgenosse der großen hinduistischen Sexualrenaissance an den Tempelbauten wäre. Die Handschriften sind in ihrer Vollständigkeit unterschiedlich – Schmidts Text gibt den Inhalt des Gedichts wie folgt wieder:

Erster Pfeil – der Liebhaber ist ein feiner Herr aus der Stadt, berufsmäßiger Unterhalter (genau wie im Kama Sutra); Einteilung der Frauen, der astrologische Liebeskalender.

Zweiter Pfeil – die körperliche Einteilung von Männern und Frauen nach ihrer Größe; die Geographie der Liebe – örtliche Sitten; die weiblichen Genitalien; Philosophie der Zuneigung.

Dritter Pfeil – Rezepte für Parfüm und Reizmittel.

Vierter Pfeil – heilende und magische Rezepte, Zaubersprüche.

Fünfter Pfeil – die weiblichen Genitalien, Wiederholung und Weiterführung; die Stellung beim Coitus; Liebesschreie.

Das wirkt, verglichen mit demselben Material im Ratirahasya, ungeordnet – der Abschnitt über Liebkosungen und Besonderes fehlt, und zwei Kapitel vom Blutsaugen sind offensichtlich in die Mitte des Textes geraten. Schmidts Handschrift ist eine der unvollständigsten. Andere sind länger, aber niemals veröffentlicht worden. Sie enthalten alle typischen Zärtlichkeiten, wie das Ziehen am Haar und Schläge für die Frau beim Coitus.

Das Pancasayaka erreichte keineswegs Kokkokas Popularität bei späteren Generationen; Schmidts zitierten Stellen fehlt der Schwung des Ratirahasya.

Das Kandharpacudamani von Virabhadradeva
Die Dichtung (»Tiara des Liebesgottes«) ist eine technisch geschickte und sehr getreue Bearbeitung des Kama Sutra (das natürlich ein Prosawerk ist) in Arya-Versen – ausgesprochen ein künstlerischer Vorgang. Es sieht nach der Arbeit eines Hofpoeten aus, der den Auftrag von dem »gottähnlichen König Virabhadra« bekommen haben muß, diese Umdichtung vorzunehmen. Das Vorwort ist insofern interessant, als es die Knie sowohl vor dem Kult Saiva als auch vor dem Kult Vaisnava beugt.

»Hochgerühmt sei Bhairav (Shiva) – wie er im Zorn auf Daksa schaute, möge er mitleidig auf seine treuen Gläubigen blicken und möge sein Auge Erlösung bringen. Ehrerbietung auch dem weisen Krishna, dem Meister der Liebeskunst, der geheime Freuden von den Kirschlippen der gopis trank, süßer als Nektar! Ehrerbietung dem Gott der Fünf Pfeile, dem Gesandten des Frühlings, aus dessen Land die lotusäugige Herrin stammt, und dessen Entzücken der Wind von Malaya ist! Heil sei der Sippe von Vaghela, ehrenwert den Königen und dem Feind von Kansa (Krishna), mit dem verglichen alle irdischen Prinzen nur geringe Geltung haben...« Es folgt eine weitere Lobpreisung Krishnas und Ramas und ihres göttlichen Abkömmlings Virabhadra, dessen Wißbegier das Werk befriedigen soll. Offensichtlich war er nicht der Autor, obwohl sein Name im Titel erscheint. Der Text ist eine wortwörtliche Wiedergabe der entsprechenden Passagen im Vatsyayana und weicht nur ab, wo er zum Beispiel des Königs Virabhadras Mißfallen über die Mundpraktiken ausdrückt, die Vatsyayana angibt.

Das Smaradipika
Dieses Gedicht – oder besser diese Dichtungen, denn es sind mehrere unter dem gleichen Namen »Licht der Liebe« erschienen – sind ein viel interessanteres Gebiet, denn sie scheinen eine echte unterschiedliche Richtung in der Erotologie darzustellen. Sie unterscheiden sich von Vatsyayana und von Kokkokas Werk. Man darf wohl annehmen, daß der Unterschied regional bedingt gewesen ist – die klassischen erotischen Schriften Indiens stammen wahrscheinlich aus dem Pancala-Land, der Heimat der Helden aus dem Mahabharata, während die verschiedenen Smaradipikas weiter aus dem Süden kommen. Der Autor wird angegeben als Kadra, Rudra oder Garga; das Vorwort ist ganz ähnlich dem Kokkokas: »Heil dem Liebesgott, obwohl er durch das Auge Shivas zu Asche verglühte, jedoch die Hälfte des Leibes seines Feindes Weib werden ließ.

Durch den sanften Gott duftender Blumen wird die Schamhaftigkeit des sanftesten Mädchens geheilt. Ein gewisser Rudra, der jedes Hindernis überwand und dabei Liebe entflammte, schrieb das Smaradipika (Licht der Liebe), um die Unerfahrenen zu belehren und den Herzen der Frauen Befriedigung zu schenken, indem er das Beste aus vielen Werken über diese Kunst zusammentrug. Wer die Technik der Liebe kennt, ist beliebt bei den Frauen; wem die Belehrung fehlt, der kann sie nur decken, wie es das Vieh tut. Die Freude am Liebesspiel, die sich in so vielen anziehenden Formen ausdrückt, läßt den Menschen gesegnet sein, denn nicht einmal ein Bulle, der von hundert Kühen umgeben ist, erlebt die Freude, wie wir sie erfahren. Wie sie ihre eigenen Frauen behandeln sollen und wie sie auf die Frauen anderer Männer anziehend wirken können, das ist der Gewinn, den die Leser aus diesem Buch ziehen, ebenso wie die Kenntnis der Stellungen und Liebeshandlungen. Wer ein Jahr in der Gunst des Liebesgottes gelebt hat, wird für immer in ihr verweilen und alles andere gering achten.

Wir wollen zuerst die Männer beschreiben und dann die Frauen; zunächst den Penis und danach die Vagina, dann die Stellen der Liebe (erogenen Zonen) und die ihnen eigentümlichen Wanderungen; dann die sechzehn frontalen Stellungen, mit den sechs Stellungen von hinten; die zwei Stellungen mit der Frau auf dem Mann und die Methode des Mundcoitus; die äußeren Arten der Liebkosung und ihre regionalen Verschiedenheiten – die Sprache der Gesten, die Verwendung von Vermittlern, die acht Typen von nayika; Zaubersprüche, Medizinen und wie man einen männlichen Erben erhält.«

Tatsächlich enthält der Text das meiste von dem, was im Ratirahasya steht. Die Hauptunterschiede liegen im Verzeichnis der Stellungen, die indessen anders benannt worden sind, in der Hinzufügung der nayikas und in der Bestimmung des Geschlechts des Kindes bei der Empfängnis.

Im Smaradipika begegnen wir dem Material, das den Rhetorikern entnommen ist, nämlich der Typologie der Heroinen. In den rhetorischen Werken gibt es davon endlose Unterteilungen. Die hauptsächlichen und klassischen Typen, die in jeder Quelle anders benannt werden, in ihrem Wesen aber identisch sind, sind folgende: »Sie, die ihren Liebhaber durch Koketterie und Charme unter ihrem Daumen hält; sie, die voll Ungeduld auf ihren verspäteten Liebhaber wartet; sie, die nach ihm geschickt hat, auf ihn wartet und dabei aus der Tür sieht; sie, die mit ihm gestritten hat, in schlechter Laune dasitzt und es bereut; sie, die bei einem Stelldichein versetzt worden ist; sie, deren Liebhaber morgens müde und mit Liebesmalen bedeckt zurückkehrt, die nicht von ihr sind; sie, die trunken vom Wein und von der Liebe alle Scham verliert und ausgeht, ihren Liebhaber zu finden (auf den Abbildungen die lieblichste der nayikas – mit ihrer Mischung aus Furcht und Wagemut scheint sie einzigartig in der literarischen Tradition zu sein. Ihre Verlassenheit ist typisch für die Frauen von Brahmanen, die sich von vertrauten, meist älteren, Dienerinnen prächtig ankleiden und mit kostbarem Geschmeide und Schmuck herausputzen ließen, und die dann heimlich davonschlichen, um den Gott Krishna zu suchen, ebenso für weltliche verbotene Liebe); und sie, die bekümmert und schmucklos dasitzt, während ihr Liebhaber auf Reisen ist.« Alternativen des Kanons oder Hinzufügungen sind »sie, deren Gatte eine Reise plant und die ihn, in Tränen aufgelöst, davon abzubringen sucht« und »sie, die sich im Bett vor unbefriedigtem Verlangen unruhig hin und her wirft, während ihr Gatte Enthaltsamkeit übt und ihre Liebe nicht beachtet« – Parvati selbst spielt oft als Gattin des Großen Asketen diese Rolle.

Das Ananga Ranga von Kalyanamalla

Das Ananga Ranga von Kalyanamalla ist nach dem Kama Sutra und dem Ratirahasya der berühmteste und einflußreichste erotische Text Indiens, in Indien selbst und noch mehr außerhalb des Landes durch die Übertragungen von Burton und Lamairesse. Es stammt wahrscheinlich aus dem 16. Jahrhundert, obwohl seine gegenwärtige Form späteren Datums sein kann. Sein Name bedeutet »Schauplatz des Liebesgottes«. Seine Popularität in der Version Burton-Arbuthnot ist vielleicht ein Unglück, denn die Pandits bedienten Burton schlecht, wie bereits angedeutet wurde, und das Original selbst ist dürftiger und pedantischer als das Werk Kokkokas.

Das Vorwort ist Saivaite. »Mögest du gereinigt werden durch Parvati, die ihre Nägel mit Lac färbte, einst klar wie Gangeswasser, nachdem sie das Feuer an der Stirn des Sich-selbst-Genügenden erblickt hatte; die ihre Augenlider mit kohl malte, nachdem sie die dunkle Beule am Nacken des Sich-selbst-Genügenden gesehen hatte (sie war zurückgeblieben, als Er das Gift schluckte, das Himmel und Erde zu entvölkern drohte), deren Körperhaar sich vor Verlangen hob, nachdem sie im Spiegel den mit Asche eingeriebenen Leib des Sich-selbst-Genügenden gesehen hatte. Heil Dir, Kama, Spielgefährtin, Buhlerin, die Du in allen erschaffenen Herzen wohnst, Mut gibst im Kampf, Totschläger von Sambhara und der Rakshasas. Rati wird Genüge getan, der Liebe und der Lust der Welt.« (Der letzte Satz ist von Burton und verdient es, beibehalten zu werden.)

Das Werk ist Lad Khan gewidmet, dem Sohn von Ahmad Khan aus dem Hause Lodi (1450–1526), »von dem großen prinzlichen Weisen und Erzdichter Kalyanamalla, der in allen Künsten bewandert ist«; der vorliegende Text scheint aus späterer Zeit zu sein. Die Version Burtons fährt fort: »Es ist wahr, daß sich keine Freude in der Welt der Sterblichen mit dem vergleichen kann, was aus dem Wissen des Schöpfers stammt. Danach aber, und nur nach diesem, kommen Befriedigung und Vergnügen, die sich aus dem Besitz einer schönen Frau ergeben. Männer heiraten freilich um des ungestörten Beischlafes willen, genauso aber auch aus Liebe und wegen der

Behaglichkeit. Oft bekommen sie hübsche und anziehende Frauen. Doch sie geben ihnen nicht vollkommene Zufriedenheit, auch erfreuen sie selbst sich nicht gänzlich des fraulichen Charmes. Der Grund dafür ist, daß sie völlig unwissend sind in der Schrift Kupidos, im Kama Shastra; indem sie den Unterschied zwischen den verschiedenen Arten von Frauen nicht beachten, sehen sie diese nur vom rein animalischen Standpunkt aus an. Solche Männer müssen als närrisch und ungebildet betrachtet werden. Das Buch ist deshalb in der Absicht verfaßt worden, die Vergeudung von Liebe und Leben zu verhindern...«

Das Ananga Ranga beinhaltet das übliche Repertoire, dazu die Acht Nayikas, einen länglichen Abschnitt über Wahrsagerei aus der Hand und (wenigstens bei Burton, doch nicht in den Sanskrittexten, die ich gesehen habe) einen ausführlichen Bericht über vadavaka. »Sie muß stets bestrebt sein, die Yoni zu schließen und zu verengen, bis sie den Lingam hält wie mit dem Finger, wobei sie zu ihrem Vergnügen öffnet und schließt, und am Ende damit wirkt wie die Hand eines Gopalamädchens, das die Kuh melkt. Das kann nur durch lange Praxis erlernt werden und vor allem dadurch, daß der Wille in den gemeinten Körperteil geschickt wird... Ihr Gatte wird sie dann höher als alle Frauen schätzen, und er würde sie für die schönste Pani (Königin) in den Drei Welten nicht hergeben. So lieblich und erfreulich ist für den Mann ›Sie-die-zusammenzieht‹.« Dazu gibt es noch eine Bemerkung: »Eine solche Künstlerin wird bei den Arabern Kabbàzah genannt, wörtlich ›ein Halter‹ und es ist nicht überraschend, daß die Sklavenhändler große Summen für sie zahlen. Alle Frauen haben mehr oder weniger diese Fähigkeit, vernachlässigen sie aber völlig...« Überflüssig zu sagen, daß das alles reiner Burton ist, immerhin aber interessant.

Über die astrologischen Einteilungen der Frauen sagt Burton, oder läßt das Ananga Ranga sagen: »Sie stimmen mit den vier verschiedenen Phasen von Moksha überein, also von Befreiung von weiteren Verkörperungen. Die erste, padmini, ist Sayyujyata oder Aufgehen im Wesen der Gottheit. Die zweite, citrini, ist Samipyata, Nähe der Gottheit. Die dritte, sankhini, ist Sarupata oder Ähnlichkeit mit der Gottheit an Leib und Gliedern, und die letzte, hastini, ist Salokata oder Wohnung im Himmel eines besonderen Gottes...« Vermutlich erübrigt sich über diese späte Einblendung jede Bemerkung, denn im Ananga Ranga selbst gibt es keine Spur davon.

Das Ratimanjari von Jayadeva
Im Gegensatz zu dem pompösen Ananga Ranga ist das Ratimanjari von Jayadeva (»Blumenstrauß der Liebe«) ein bezauberndes kleines Werk von nur 125 slokas. Es ist in Sanskrit (siehe Pavolini, 1904) und parallel dazu in einer Hindi-Version veröffentlicht worden, wohl aber noch nicht in Englisch. Hier ist Platz genug, um es gänzlich wiederzugeben. Der Stoff und die Bezeichnungen der Stellungen laufen parallel mit dem Smaradipika, und es gibt einige Gemeinsamkeiten: der Vers ist elegant und knapp – er ist nicht von »dem« Jayadeva, nämlich dem Autor der Gita Govinda, sondern viel wahrscheinlicher von Jayadeva, dem Enzyklopädisten; oder von sonst einem Jayadeva, keiner kann es mehr sagen. Es sieht wie ein ziemlich spätes Werk aus. Der Text lautet:

Zur immerwährenden Ehre des Gottes Shiva, dem Dieb der Herzen, wird das Ratimanjari von dem Weisen Jayadeva verfaßt. Darin wird von dem besagten Jayadeva der Gehalt der ratisastras und der kamasastras zusammengetragen.

Padmini (Lotusfrau), citrini (Bild- oder ›Phantasie‹-Frau), sankhini (Muschelfrau) und hastini (Elefantenfrau) – mit diesen Wesensarten sind die Frauen geboren.
Sasa (Hase), mrga (Gazelle), vrsa (Bulle) und asva (Hengst) – mit diesen Wesensarten sind die Männer geboren.

Mit Augen wie Lotus, mit kleinen Nüstern, etwas auseinanderliegenden runden Brüsten, feinem Haar, schlankem Leib,

Mit süßer Stimme, gutem Temperament, musikalisch, durchweg schön gekleidet – das ist eine padmini, und sie riecht nach Lotus.

Erfahren in der Liebe, nicht zu groß, nicht zu klein, mit hübscher Nase wie eine Til-Blume, einem Juwelenleib und Lotusaugen,

Mit harten Brüsten, die sich treffen, eine Schönheit; von angenehmem Wesen und begabt – das ist die citrini, und sie ist launisch.

Ein großes Mädchen mit schrägliegenden Augen, eine bewundernswerte Schönheit, den Freuden der Liebe ergeben, begabt und von gutem Charakter,

Mit einem Nacken, den drei Falten zieren – das ist eine sankhini, eine Altmeisterin der Liebe, wie man sagt.

Ein Mädchen mit vollen Lippen, prallem Hintern und praller Scham, prallen Fingern und Brüsten, gutmütig, gierig nach Liebe,

Eine, die stark ist, Heftigkeit beim Coitus liebt – das ist eine karini (hastini), und sie ist schwer zu befriedigen.

Die Lotusherrin (padmini) paßt zum »Hasen«, die Bildherrin (citrini) liebt den »Hirsch«.

Die Muschelherrin (sankhini) paßt zum »Ochsen«, die Elefantenfrau (hastini) zum »Hengst«.

Die Padmini riecht nach Lotus, die citrini nach Fisch.

Die sankhini hat einen scharfen Geruch, die hastini riecht nach Moschus.

Ein junges Mädchen (bala), eine junge Frau (taruni), eine erfahrene Frau (praudha) und eine alte Frau (vrddha) sind die Frauen, die man nehmen kann. Wenn man sich ihrer erfreut, sind die Eigentümlichkeiten einer jeden folgende:

Bis zu sechzehn Jahren ist sie ein junges Mädchen (bala) – bis dreißig ist sie eine junge Frau (taruni), bis zu fünfundfünfzig eine erfahrene Frau (praudha) und danach eine alte Frau (vrddha).

Das junge Mädchen ist Liebhaberin von Blumen und Süßigkeiten, die junge Frau ergibt sich dem Liebesspiel.

Die Praudha gibt und nimmt Liebe, bei der alten Frau heißt es hart anklopfen.

Das junge Mädchen schenkt einem Mann Vergnügen und den Lebensatem (prana), die junge Frau zieht den Lebensatem in die Länge – die praudha bringt Alter, die alte Frau bringt Tod.

Bei zunehmendem Mond in der ersten Hälfte des Monats liegt der »Auslöser« der Liebe in der Zehe, dem Fuß, dem unteren Teil des Rückens, den beiden Knien, den Schenkeln,

Dem Nabel, den Achselhöhlen und Waden, Wangen und Kehle, der Kopfhaut, der Unterlippe,

Den Augen, den Ohren, dem Raum zwischen den Brüsten und dem Scheitel einer Frau mit guter Stirn je nach ihrer Art:

Die Mondprogression einer jeden Frau liegt im Scheitel, im Auge, in der Lippe, im Nacken, in den Achselhöhlen und den Brustwarzen, im Nabel, in der Taille, in der Vagina,

In der Rundung des Hinterns, den Schenkeln, den Knöcheln, den Fußsohlen und der Oberfläche des Fußes, in den Zehen – und zwar in der dunklen Hälfte des Monats,

In der hellen Phase des Mondes wohnt die Liebe in der linken kleinen Zehe,

In der dunklen ist sie in der Bauchseite desselben Fingers.

In der hellen Phase des Mondes wohnt die Liebe in der rechten Seite des Mannes und in der linken Hälfte des Weibes,

Aber in der dunklen Phase ist es umgekehrt.

Wenn eine Frau stark ist, sollte sie in der umgekehrten Weise (purusayita, also auf ihrem Partner reitend wie ein Mann) geliebt werden: und wie die Stelle der Liebesempfindsamkeit sich ändert, sollte die Herrin erfreut werden. Der Erfahrene küßt seine Herrin aufs Auge, auf die Kehle, die Wange, das Herz und auf ihre beiden Schenkel –

Auf ihr Gesicht, Waden, Hinterbacken, Schamhaar und das Haus des Liebesgottes, auch auf ihre beiden Brüste. Auf diese küßt der Erfahrene seine Herrin jederzeit,

Wenn sie die Luft einzieht (den Laut »sit« von sich gibt) umarmt er sie mit Leidenschaft, küßt ihre Wangen und ihre Kehle wiederholt und faßt sie fest,

Er hebt ihre Pubis mit den Händen, stößt selbst »sit« aus und bückt sich, um sie sanft zu küssen,

Mit einer Liebkosung ihrer Brüste und dem Penis an ihrer Scheide erfreut sich ihrer der Erfahrene.

Mit seinen Fingernägeln macht er drei oder fünf Kratzmale auf ihrem Rücken, ihrem Unterleib und ihrer Scham, und so liebt ein Erfahrener eine Frau.

Nachdem er die Male mit den Nägeln angebracht hat, drückt er seine Zähne auf ihre Lippen, faßt sie fest am Nacken und stößt ihre Scheide mit seinem Penis.

Nachdem er ihr so den Penis gegeben hat, hält er sie fest, drückt ihre beiden Schenkel zusammen und nimmt sie ohne Zögern.

Indem er die Frau umfaßt hält, streicht er der Reihe nach über beide Brüste, ihre Scham und ihren Nabel, wobei er ständig mit dem Penis stößt.

Er packt sie dabei heftig am Haar und streicht mit der Hand über ihre Scham, während er ihren Mund küßt.[11]

Der padmini wird Vergnügen bereitet, indem man über ihre Brüste streicht, ihre Unterlippe fest drückt und den Coitus in der Lotusstellung vollzieht.

Der citrini wird Lust bereitet durch den Ruf »sit«, durch feste Küsse auf Nacken und Hände und dadurch, daß man die Hand an ihre Brust legt.

Die sankhini empfindet Lust, wenn Mann und Frau abwechselnd Vagina und Penis küssen und danach leidenschaftlich den Coitus ausüben.

Die hastini wird zum Lustgefühl gebracht, indem man sie fest an ihrem Haarband packt und ihre Vagina regelmäßig mit der Hand streicht.

Die Scham einer Frau sollte sein wie der Rücken einer Schildkröte, die Schulter eines Elefanten, nach Lotus duftend, haarlos und gut gedehnt: diese fünf Punkte sind wünschenswert.

Eine, die kalt, tief, zu hoch oder rauh wie eine Kuhzunge ist – diese vier Dinge sind bei den Kennern des kama-shastra unerwünscht.

Der Penis des Mannes wird von den Fachleuten nach zwei Formen beschrieben: Keule oder Pfeife. Die erste ist dick, die zweite ist lang und dünn.

Ein Mann, der Frauen gern hat, ein guter Sänger und lustig ist, einen Penis hat, der sechs Fingerbreiten lang ist, Klugheit besitzt – der ist ein Hase (sasaka).

Einer, der ein Musterknabe ist, tugendhaft, wahrhaftig und höflich, einen Penis von acht Fingerbreiten hat und ein hübscher Mann ist – der ist eine Gazelle (mrga).

Einer, der umgänglich und ein ergebener Gatte ist, phlegmatisch und mit einem Glied von zehn Fingerbreiten, auch klug dabei – das ist ein Ochse (vrsa).

Einer, der tüchtig ist, einen festen Körper wie aus Holz besitzt, unverschämt und hinterlistig ist, aber furchtlos, einen Penis von zwölf Fingerbreiten hat und kein Geld – das ist ein Hengst (asva; haya).

Wenn eine Frau mit einem Liebhaber oder mit ihrem Gatten den Liebesakt nicht wünscht, weil das Vergnügen fehlt, so sollte sie einen Versuch mit den verschiedenen bandhas machen.

Padmasana (Lotussitz), nagapada (Elefantenfuß), latavesta (Schlingpflanze), ardhasamputa (Halbkästchen), kulisa (Blitzstrahl), sundara (die Schöne) und ebenfalls kesara (Haarlocke), hillola (Woge), narasimha (Vishnus Menschenlöwe) und viparita (die Kehrseite), ksudgara (die Kleine), dhenuka (die Kuh) und utkantha (der Trick der Kehle), simhasana (Löwensitz), ratinaga (Freudenschlange) und vidhyadhara (der Zauberer), das sind die sechzehn Arten fleischlicher Vereinigung.

Wenn die Frau in padmasana ist (mit jedem Fuß an der entgegengesetzten Leistengegend – Meditationsstellung des Hatha-Yoga) und er sie mit den Händen umfaßt und so tief in sie eindringt, ist es die Lotusstellung (padmasana).

Wenn der Adept ihre Beine über seine Schultern legt und seinen Penis sanft in ihre Vagina führt, so nennt man das den Elefantenfuß (nagapada).

Wenn er die Frau mit Armen und Beinen umschlingt und sanft an ihre Scheide stößt, so ist es die Schlingpflanze (latavesta).

Wenn er ihre beiden Füße etwas hochhebt, hinkniet und tüchtig ihre Brüste massiert, so ist es das Halbkästchen (ardhasamputa).

Wenn er heftig ihre Füße beiseite nimmt und in ihre Vagina mit dem Penis stößt, so ist es der Blitzstrahl (kulisa).

Wenn er ihre Füße hebt, ihre Brüste faßt und von ihren Lippen trinkt, so ist es die Schöne (ratisundara).

Wenn er ihre Waden drückt, ihre Brüste mit seinen Armen reibt und wiederholt in ihre Vagina stößt, so ist es die Haarlocke (kesara).

Wenn er die Füße der Frau an sein Herz legt, ihre Hände in seinen hält und lustvoll ihre Vagina stößt, so ist es die Woge (hillola).

Wenn er ihre Füße zusammendrückt, heftig in sie eindringt

und sie mit seinen Händen festhält, so ist es bekannt als der Menschenlöwe [12] (narasimha).

Wenn er einen ihrer Füße auf seinen Schenkel legt, und den anderen an seine Leiste, so heißt man es die Kehrseite (viparita).

Wenn er ihre Füße auf (seine?) Seiten legt, mit dem Penis in die Vagina stößt und fest streicht mit seinen Armen (?), ist es die Kleine (?) (ksudgara).

Wenn ein Liebhaber sein Weib umarmt, auch wenn es schläfrig ist, indem er seinen Penis in ihre Vagina stößt, so ist es die Kuhstellung (dhenuka). (Es scheint heißen zu müssen »Gesicht nach unten«, aber der Text lautet »schläfrig« [supta]).

Wenn er mit seinen Händen die Füße der Frau an ihre Kehle bringt, sie kräftig umarmt (oder eine andere Lesart, ihre Brüste faßt) und sie so nimmt, dann ist es bekannt als der Trick der Kehle (utkantha).

Wenn er ihre Füße an seine Arme und Waden legt, sie an den Brüsten hält und so nimmt, ist es der Löwensitz (simhasana).

Wenn der Adept seine Herrin mit beiden Schenkeln drückt (umfaßt), so ist es die Liebesschlange (ratinaga), ein Kunstgriff, der die Herzen der Frauen stiehlt.

Wenn er ihre Schenkel packt, sie mit den Händen schlägt und sie mit äußerster Heftigkeit nimmt, so heißt man es der Zauberer (vidhyadhara).

Einer, der eine Frau nahe an sich heranbringt und dann kühn ihre beiden Füße packt, mag deswegen als ein sexueller Athlet bekannt werden, der die Shastras studiert hat. Alle Männer sollten sie sorgfältig studieren, Kenntnisse in der Liebesgeschicklichkeit erlangen und die sechzehn bandhas bei Frauen versuchen. Damit ist die Zusammenfassung vollendet, die Jayadeva besorgt hat, der Dolmetsch sexuellen Wissens in den Shastras.

Ende des Ratimanjari, geschrieben von Jayadeva.

Das Dinalapanika Sukasaptati
Die letzte bedeutende Quelle (mit ungewisser Datierung), die Schmidt in seiner Monographie der indischen Erotik zitiert, ist das Dinalapanika Sukasaptati oder die Siebzig Belehrungen des Papageis, eine Version der riesig populären orientalischen Geschichte von dem jungen König, der von einem gebildeten Papagei – ererbt von seinem Vater – ermahnt und auf dem rechten Pfad gehalten wird. Das ist kein erotisches Lehrbuch, sondern im Verlauf der moralischen Erzählung geben der Papagei, der König und andere Persönlichkeiten Lektionen über alle Gebiete, einschließlich der Erotik. Daraus führt Schmidt eine Legende über den Ursprung der Menstruation und die damit verbundenen Bräuche an; ein anderer Abschnitt befaßt sich mit den Prostituierten. Am geistreichsten ist eine ausführliche Liste von Stellungen beim Coitus, fünfundachtzig werden beim Namen, und fünfunddreißig in allen Einzelheiten wiedergegeben, die der König sich auf dem Weg zu einem Stelldichein ins Gedächtnis ruft (das von dem moralischen Papagei unglücklicherweise vereitelt wird).

Es ist eine wichtige Quelle, der ich einen beträchtlichen Teil entnommen habe, und zwar wegen der mehr verfeinerten und mehr akrobatischen Techniken beim Coitus in der späteren indischen Erotik. Wir können sie feststellen, nicht aus den anderen hauptsächlichen Überlieferungen, aber aus der Liste in einem bis jetzt unübersetzten erotischen Text, dem Srngaradipika von Harihara (Die Leuchte der Zuneigung). Schmidt hat irgendwo den ganzen Sanskrittext abgedruckt. Harihara gibt nur die Namen der Stellungen an, hält aber kurz nach dem Verzeichnis inne, während die Beschreibungen des Königs bedauerlicherweise ins Unverständliche übergehen und aufhören, nachdem nur etwas über die Hälfte der Namen angegeben worden ist (schade, denn man ist auf den Rest neugierig, und ein anderer Bericht darüber ist nicht erhältlich). Viele der Namen sind einmalig, wie es auch die Stellungen sind, die sie beschreiben, aber die Überlieferung steht den verschiedenen Smaradipikas viel näher als dem Ratirahasya. Gemäß Upadhyaya kommt die Liste im Saugandhikaparinaya wieder vor, und zwar mit einer Aufzählung regionaler Abwandlungen in der Verbreitung der verschiedenen Stellungen. Es wäre interessant zu wissen, ob diese Liste Einzelheiten über die letzten etwa dreißig Stellungen angibt, bei denen das Gedächtnis des Königs oder des gelehrten Verfassers versagte; das Versehen wird der Tatsache zugeschrieben, daß die ausgelassenen Stellen solche »besonderer Art für die Frau« seien, aber das ist nach anderen uns bekannten Quellen unhaltbar.

»Als der dreiundzwanzigste Tag dämmerte, ging der König zeitig zum Haus des Dieners, wobei er unterwegs meditierte: ›Ich will das Weib des Dieners mit den lieblichen Augen in die Künste des Coitus einführen, vierundachtzig an der Zahl, und mich ihrer erfreuen. Man verfährt dabei folgendermaßen: ... wenn die Herrin in der Schlacht des Gottes, der in den Herzen Fleisch geworden ist, lächelnd daliegt, das Lotus-Gesicht nach oben gerichtet, die Beine in natürlicher Lage, die Augen halb geschlossen und mit dem Aussehen einer scheuen Gazelle, nur in bescheidenem Grad erhoben, dann ist es die Stellung, die alle Welt benutzt und beim Verkehr zuerst kommt. Wenn aber die Frau in aller Heimlichkeit auf dem Mann reitet, auf ihn hinunter blickt und allerlei Laute der Zuneigung von sich gibt, so ist das die umgekehrte Position. Wenn sie dabei kehrt macht, so ist es die Wendungs-Position (bhramana). Wenn sie, auf ihm liegend, wie ein Rad rotiert, das Gesicht abwendet und es ihm wieder zukehrt, ihre Hände auf ihn legt (auf ihren Händen geht?) und ihn über und über mit Küssen bedeckt, so ist das bei den Adepten bekannt als das Rad (chakra) usw....‹«

Dinalapanika Sukasaptati enthält als einziger von den Texten eine rhetorische Klassifikation von nayakas wie von nayikas. Die männlichen Liebhaber werden gewöhnlich bezeichnet als ergeben, auf höfliche Weise untreu (»Er, der sein erstes Weib noch ehrt und liebt, obwohl er andere hat«), aalglatt (»Er, der harte Dinge hinter ihrem Rücken sagt«) und der richtige Prolet (»unerschütterlich, wenn er im Unrecht ist, sogar noch schamlos, wenn man ihm auf der Spur ist, und noch dazu ein Lügner, wenn man ihn entdeckt hat«); und die Herrinnen als gut, mittelmäßig (»manchmal verärgert ohne Grund«) und schlecht (»findet immer ohne Grund einen Fehler, auch wenn ihr der Liebhaber ergeben ist«). Dinalapanika klassifiziert die Männer als gut, mittelmäßig und schlecht nach einem ganz anderen System. »Jener, der tausend Beleidigungen erträgt, weil er, vom Feuer der Liebe versengt, eine Frau liebt, die ihn nicht wiederliebt, ist der unwürdigste Liebhaber. Jener, der ergeben geliebt wird, aber seine demütige Bewunderin nicht liebt, ist ein mittelmäßiger Liebhaber. Jener, der eine willfährige Herrin liebt und grenzenlos wiedergeliebt wird, o Prabhavati, das ist der beste Liebhaber.«

Und für die Herrin heißt es:
»Sie, die zwar ärgerlich ist, wenn sie Grund dazu hat, ihrem Liebhaber aber ergeben ist, wenn der Ärger verflogen ist – die Geschick in der Würze der Liebe besitzt und in allen Liebeshandlungen, ist als die beste zu bezeichnen. Sie, die sich grundlos ärgert, schwer zu besänftigen ist, manchmal schüchtern ist und manchmal nicht – eine solche ist mittelmäßig. Sie, die anspruchsvoll, unbeständig, taktlos in der Rede und plump in der Verrichtung ist, eine solche kann als ein undankbares Geschäft betrachtet werden.«

Äußerst interessant ist die Tatsache, daß der Autor der Belehrungen, die Zeiteinteilung der »monatlichen Progression« der erogenen Zonen vom Mondkalender auf die eigene körperliche Uhr der Frau umstellt, so daß sie ihrem eigenen Menstruationszyklus folgt, und nicht einem äußeren astrologischen Einfluß. »Der Einfluß des Mondes trifft jede Frau zur Zeit ihrer Reinigung, verläuft über die Körperglieder von Seite zu Seite während des nächsten halben Monats, Schenkel, Genitalien, Sitz der Lust, Nabel, rechte Flanke, danach die Achselhöhlen, die Stelle zwischen den Brüsten, Brustwarzen, unterer Teil des Nackens, das Kinn, Oberlippe, Ohrläppchen, Stirn, Haar und Fontanelle« (ganz oben auf dem Kopf – durch sie entweicht die Seele im Tode) – »das sind die Mondstationen der Liebe.« Das führt nach Schmidt zu einer in die Einzelheiten gehenden praktischen Unterweisung und zu Spekulationen über diese Tabelle, mit Empfehlungen einer bestimmten Diät für jeden Tag. Man mag über die Zeitenfolge skeptisch denken, aber wenigstens besteht bessere Aussicht bei ihrer Verbindung mit hormonalen Einflüssen als bei einer Wirksamkeit des Mondes.

Andere Texte
Das Kamaprabodha von Vyasya Janardana, das Nagarasarvasva von Padmasri (die einen sagen, es stamme von einer Frau, andere, es sei von einem buddhistischen Mönch) und das Ratiratnapradipika von Maharaja Devaraja enthalten auch Listen von Techniken beim Coitus und sind teilweise übersetzt worden. Ich habe mich nicht mit ihnen befaßt, beziehe mich aber auf Professor T. L. Rays Version des Kokkoka und Ratirahasya, die ein nützliches vergleichbares Inhaltsverzeichnis besitzt. Sie scheinen, wenigstens in ihrer gegenwärtigen Form, nicht später als aus dem 17. oder 18. Jahrhundert zu sein. Das Nagarasarvasva oder Compendium des Städters ist ein Werk anderer Art als diese Abhandlungen, es gehört mehr zur Tradition des Kuttanimata (Brevier der Kupplerin) oder des Dhurta-vita-

samvada – Dialogstücke zwischen Angehörigen der indischen Halbwelt, die an die »Dialogues des Courtisanes« einer späteren Literatur erinnern. Sie füllen zum Teil die eigenartige Kluft in der gesamten indischen Erotologie nach dem Kama Sutra aus, die durch die Auslassung jeder Erwähnung der Prostituierten und ihrer Methoden entstanden ist – doch das Nagarasarvasva enthält wertvolle Bemerkungen über Liebestechnik im allgemeinen, über die Nomenklatur gewisser stilisierter Zärtlichkeiten und über Stellungen beim Coitus. Ich habe diese als Anmerkungen an ihrer Stelle dem Ratirahasya angefügt.

Das Nagarasarvasva ist einzigartig in der Kombination von Küssen und Lauten, bei weitem verfeinerter im Bericht über Zungenküsse (maraichinage) als jeder andere Autor, im Verzeichnis der Griffe (grahana), die benutzt werden, um eine Frau während des Verkehrs zu kontrollieren, und in der Beschreibung eines magischen Verfahrens, um die verschiedenen nadis oder »Adern« zu stimulieren, Nachkommenschaft mit verschiedenen Eigenschaften hervorzubringen. Der Autor behandelt in einem Abschnitt auch Juwelen und die Feststellung von Fehlern an ihnen, wie es sonst nirgends vorkommt. Es ist das einzige erotische Werk, das in der Richtung des Mahayana Buddhismus liegt – die Anrufung wendet sich an Manjusri und Tara anstatt an die Gottheiten der Hindus.

Das Ratiratnapradipika enthält offensichtlich die vollständigste noch vorhandene Abhandlung über Mundtechniken, je acht Arten für Mann und Frau, doch ich konnte weder den Originaltext noch eine Übersetzung erhalten.

Es gibt eine Ausbeute aus volkstümlichen Abhandlungen, benannt das Ratisastra von Nagarjuna Siddha, das sich nicht mit der Erotik befaßt, sondern mit Astrologie, vorgeburtlichen Einflüssen und dergleichen. Sie enthalten jene falsche Art von magisch-sexueller und genetischer Information, die im mittelalterlichen Europa so populär war und noch heute in Indien populär und einflußreich ist. Es gibt mehrere englische Versionen, und ein ziemlich unterschiedlicher Sanskrit-Text ist unter demselben Titel von Schmidt gedruckt worden. Mein Exemplar nennt sich selbst »übersetzt in einen süßen englischen Prosavers«. Im Gegensatz zu den anderen Abhandlungen ist es deutlich brahmanischen Ursprungs und pseudoantik bei der Art, wie Gott Shiva selbst seiner Gattin einen Vortrag hält. Ein Teil des Stoffes ist tatsächlich alt und aus den rituellen, sexuellen Abschnitten aus der Brhadaranyaka Upanishad übernommen, aber unter einer Schicht viel späterer Astrologie. Zum Teil stammt seine Popularität daher, daß es fast gänzlich den irrtümlichen Feststellungen über vorgeburtliche Einflüsse und dergleichen gewidmet ist und nur sehr wenig der gegenwärtigen Einstellung zum sexuellen Genuß Rechnung trägt. Dadurch kam es nicht in Schwierigkeiten mit der Religion. Es befaßt sich mit solchen Dingen, wie den schlechten Auswirkungen des Coitus bei Tage und empfiehlt dafür den zweiten und dritten Teil der Nacht; der erste und vierte ist für das Studium der Shastras und religiösen Bücher gedacht, und für andere die Kenntnisse bereichernde literarische Werke. Es klassifiziert die Frauen astrologisch, indem es beschreibt »das kostbare Bett für die padmini, das schöne Bett für die citrini, das malerische Bett für die sankhini, das feste und dauerhafte Bett für die hastini«. Im Hinblick auf den ständigen Appetit indischer Leser für solch anheimelnde Worte möchte man wünschen, daß sie ein neuer Weiser mit den Ausdrücken modernen Wissens neu abfassen und genaue Information über Empfängnisverhütung hinzufügen möge. Solche Formen öffentlicher Propaganda über Hygiene haben ganz ernsthafte Aussichten. Nach Upadhyaya gibt es ein Werk dieser Art, das von Pandit Mathura Prashad im Jahr 1949 verfaßt wurde und Ratikelikutuhala heißt – wieweit sein Inhalt modern ist, entzieht sich meiner Kenntnis, aber Upadhyayas Zusammenfassung deutet auf eine Wiederholung all des traditionellen Stoffes hin. Wenn das

Werk in Sanskrit geschrieben sein sollte, so reicht sein Einfluß kaum weit. Ich habe auch eine moderne Bearbeitung in Hindi (1937) vom Kokkoham gesehen, genannt Kokasaravaidyaka, von Narayan Prashad Misra, das zweiunddreißig bandhas (asanas) mit modernen Hindi-Namen angibt.

Das sind also die Quellen. Die moderne Einstellung in England verdankt ihnen und auch Sir Richard Burton mehr, als die meisten von uns denken. Darf man hoffen, daß die nächste Stufe einer derartigen Literatur, hinter der Wissenschaft, Biologie, Psychologie, Erfahrung und – das wichtigste von allem – eine nicht von Schuldgefühl belastete Einstellung zum Sexuellen als Vergnügen und Erfüllung stehen, aus unserer eigenen Kultur kommen wird? Es erscheint ganz gut möglich, wenn das derzeitige Klima anhält.

DAS KOKA SHASTRA

(Das Ratirahasya von Kokkoka)

Anrufung

Ihm, der durch seine Schnelligkeit und Stärke sogar den Gott Shiva, den Sieger der Drei Zitadellen, dazu brachte, teils männlich, teils weiblich zu werden, wenn er ihn auch mit einem Blick seines einzigen Auges[1] versengte, Freund der Welt, Schatzkammer der Freuden, dem Gott, der über die Freude im Dasein gebietet, dem Herzgeborenen – dem Gott der Liebe sei Preis!

Wenn er im Herzen sich als siegreicher Held erhebt, sind die Bienen seine fleißigen Diener, die Singvögel seine begabten Dichter, ist der Mond sein weißer Schirm, der Wind von Malaya sein brunftiger Elefant.

Die schlanke Frau ist sein Bogen, die Schlingpflanze im Dschungel seine Bogenschnur und Seitenblicke sind wie Pfeile in seinem Köcher. Heil ihm!

Dieses Werk wurde verfaßt von Kokkoka, einem Dichter, um die Wißbegier seiner Allerhöchsten Exzellenz Vainyadatta über die Liebeskunst zu befriedigen. Es ist ein Konzentrat aus der Milch der Wahrheit der bewundernswertesten uralten Autoritäten des Gebietes, niedergeschrieben nach eifriger Erforschung einer süßen, kostbaren, jugendspendenden Wissenschaft, die junge Mädchen zum freudigen Genuß der Liebe einladet und höher geschätzt wird als alle anderen Studien, sogar von den Göttern. Laßt den Wissenden daraus Nutzen ziehen und danach handeln.

Das Ziel eines derartigen Buches ist es, zu zeigen, wie die Frau, die unerreichbar scheint, gewonnen und die Liebe in ihr geweckt werden kann, wie man sie schließlich bei Intimitäten richtig behandelt. Wo soll nämlich ein Mann Freude finden – sie ist nach allem das einzige wirkliche Gut in einer Welt, flüchtig wie Wasser in einem Korb, und die eigentliche Erfüllung eines jeden Wunsches, gleichzusetzen unserem Durst nach Kenntnis der letzten Wahrheit – wo soll ein unwissender Mann solche Freude finden, wenn er sich nicht auf die Prinzipien, Künste und Techniken des Liebesgottes stützen kann? Ein Mann kann jung sein und den Frauen gefallen, wenn er aber nicht das Studium der Körpertypen, der Gewohnheiten, Vorzüge, örtlicher Sitten, Instinkte, Stellungen und Gesten gepflegt hat, so schädigt er sich ständig selbst. Welchen Nutzen hat ein Affe von der Kokosnuß?

Ich gebe es zu, daß ich der Lehre Vatsyayanas einiges hinzugefügt habe, das nicht von ihm ist. Nun ist der Ruf und Ruhm Vatsyayanas weltweit – doch wo andere Autoritäten Dinge klargestellt haben, die er im Dunkel ließ, ist es nützlich für den Nichtbewanderten, wenn ihre Kommentare angefügt werden, und solche Zusätze tragen am passendsten die Bezeichnung »Erklärung«. An erster Stelle will ich deshalb das System von Nandikesvara und Gonikaputra wiedergeben, danach das von Vatsyayana.

1

Über die Körpertypen und die richtigen Zeiten
(Das System von Nandikesvara und Gonikaputra)

Es gibt vier Frauentypen – erstens die padmini[2], dann die citrini, weiter die sankhini und schließlich die hastini.

Die Lotusfrau (padmini) ist zart wie eine Lotusknospe, ihr Geschlechtsgeruch ist wie der einer Lotusblüte, und ihr ganzer Körper duftet göttlich. Sie hat Augen wie eine scheue Gazelle, ein wenig gerötet in den Winkeln, und vorzügliche Brüste[3], die ein Paar schöne Quitten beschämen; sie hat eine kleine Nase wie eine Til-Blüte. Sie ist religiös, achtet die Brahmanen, die Götter und ihre Eltern – ihr Leib ist so anziehend wie das Lotusblatt und gelb wie Gold.[4] Ihre Scheide ist wie ein geöffneter Lotus. Sie hat die sanfte, kokette Stimme eines König-Hamsa-Vogels. Sie ist zart. Drei Falten gibt es in ihrer Taille[5] – sie bevorzugt helle Kleider, Nacken und Nase sind gut geformt. Eine solche Frau ist eine padmini, und von den vier Typen gilt sie als die beste.

Die »Bild«-Frau (citrini) bewegt sich gut; sie ist nicht zu groß und nicht zu klein – sie hat einen schlanken Leib, hervorragende Brüste und einen ebensolchen Hintern, die Knöchel einer Krähe, hervorragende Lippen, einen Geschlechtsgeruch nach Honig und drei bezaubernde Falten am Nacken. Sie spricht stakkato, und ihre Stimme ist wie die eines roten Rebhuhns. Sie ist eine geschickte Tänzerin und Sängerin. Ihre Scham ist rund, voll, weich, rasch feucht und nicht zu sehr behaart. Sie hat umherschweifende Augen – sie liebt die »äußeren« Formen des Liebesspiels, ißt gern Süßspeisen und liebt die verfeinerten Künste beim Coitus.

Die Muschelfrau (sankhini) kann schlank sein, oder nicht – sie ist länglich, hat lange Finger und schmale Taille. Sie bevorzugt rote Kleider und rote Blumen und hat ein heißes Temperament; sie trägt ihr Haupt nicht aufrecht. Das Haus des Liebesgottes ist lang, tief gelegen, sehr behaart, und ihr Geschlechtsgeruch ist scharf. Beim Verkehr wird sie nur feucht, wenn sie tüchtig mit den Fingernägeln behandelt wird, denn ihre Liebessekretion ist spärlich. Sie soll weder sehr klein noch sehr groß sein, hat gewöhnlich eine gallige Veranlagung – ihr Wesen ist liederlich und treulos, und sie hat die Stimme eines wilden Esels.

Die Elefantenfrau (hastini) bewegt sich nicht fein. Sie hat derbe Füße mit gebogenen Zehen, einen kurzen, vollen Nakken, rotbraunes Haar. Sie kann gehässig sein, ist ziemlich korpulent, ihr ganzer Körper, vor allem ihre Scham, hat den Geruch nach Elefanten-»Tränen«. Sie liebt heiße, scharfe Speisen und nimmt sich beim Essen gern zweimal. Sie kennt keine Mäßigkeit. Sie hat dicke, aufgeworfene Lippen. Beim Beischlaf ist es ungewöhnlich schwierig, sie zu befriedigen. Ihre Scheide ist außen flaumig und innen sehr weit. Und sie stottert beim Sprechen mitunter.

Die Tage im Mondzyklus, an denen die padmini und die citrini den Beischlaf wünschen, sind der zweite, vierte, fünfte, sechste, zwölfte, zehnte und achte. Für die karini (hastini) sind es der neunte, fünfzehnte, vierzehnte und siebente. Die restlichen vier Tage (der zweite, dritte, elfte und dreizehnte) gehören der sankhini. Die padmini sollte in der padmasana Stellung genommen werden, die citrini im »Stadtstil« (nagaraka), die sankhini in der Methode, die als Schilfspalten bekannt ist (venuvidarita), und die hastini mit ihren beiden Füßen auf den Schultern des Mannes. Um die besten Ergebnisse zu erzielen, sollte man sich der citrini im ersten Viertel der Nacht erfreuen, der hastini im zweiten Viertel oder bei Tag. Die sankhini wird erst im dritten Viertel der Nacht leidenschaftlich – die padmini ist im vierten und letzten Viertel am anziehendsten.[6]

Zaubersprüche, um Frauen zu bezwingen
Eine Muskatnuß mit Bananensaft bezwingt die citrini; die Asche der beiden Flügel einer Turteltaube, mit Honig vermischt, bezwingt die hastini – indische Quitte mit süßem Weihrauch und tagari-Wurzel bezwingt die sankhini in kurzer Zeit, wenn dargereicht mit Betel, wobei für jede der drei Typen einer der folgenden Zaubersprüche gemurmelt wird:
Om! paca paca vihamgama vihamgama Kamadevaya svaha
(mantra für die citrini)
Om! dhari dhari vasam kari vasam kari Kamadevaya svaha
(mantra für die hastini)
Om! hara hara paca paca Kamadevaya svaha
(mantra für die sankhini)[7]

2

Über den Mondkalender
(Candrakala)

In der hellen und in der dunklen Hälfte des Monats durchläuft der Liebesgott nacheinander Stationen im Leib der Frau, beginnt im linken Fuß und wandert zuerst aufwärts, und dann wieder hinab. So schreitet er in deiner Herrin mit den Gazellenaugen von der Zehe zum Fuß, vom Fuß zu den Knöcheln, vom Knöchel zum Knie, dann zu Scheide und Pubis, zum Nabel, Brustbein, zur Achselhöhle, zum Nacken, zur Wange, zu der Stelle über den Zähnen, zum Auge und zum Haupt, und auf demselben Weg in umgekehrter Reihenfolge wieder zurück.

Wenn er im Kopf ist, dann halte ihr Haar fest; küsse sie, wenn er auf Augen und Stirn weilt, drücke deine Lippen und Zähne auf ihren Mund; sind es die Wangen, gib ihr vielerlei Küsse; wenn er in den Achselhöhlen oder Wangen ist, markiere sie mit den Fingernägeln, fasse sie an beiden Brüsten mit der ganzen Hand; wenn er zwischen den Brüsten ist, schlage sie; wenn er sich am Nabel befindet, klatsche sie leicht mit der flachen Hand, spiele in ihrer Scheide mit dem Finger das »Elefantenrüssel-Spiel« und schlage an ihre Knie, Schienbeine, Knöchel, Füße und Zehen mit deinen eigenen. Indem du candrakala (Mondkalender) befolgst und die Stelle deiner Liebkosung ihm entsprechend änderst, wirst du sehen, daß sie an einer Stelle nach der anderen wie eine in Mondstein gehauene Figur ist, wenn das Mondlicht darauf fällt.

Die fünf Pfeile des Liebesgottes sollen die Laute e (für Vishnu) und o (für Brahma) tragen, und ihre Ziele sind Herz, Brüste, Augen, Kopf und Geschlecht. Wenn diese glühenden Pfeile aus den Augen eines anderen abgeschossen werden und dicht auf diese Stellen herabregnen, dann beginnt der Liebessaft der Frau zu fließen.

Das ist in Kürze die »Kalender«-Theorie, wie sie Nandikesvara lehrte. Der Stoff wird von Gonikaputra vollständiger behandelt, so sagt er – die Liebesstellen sind Kopf, Brustbein, linke und rechte Hand, die beiden Brüste, die beiden Schenkel, der Nabel, die Region des Geschlechts, Stirn, Bauch, Hintern und Rücken, dann die Achselhöhlen, der untere Teil des Rückens und die Arme. Am ersten Tag der dunklen Monatshälfte beginnt der Gott am niedrigsten Punkt und bewegt sich aufwärts; er verläßt das Haupt am ersten Tag der lichten Monatshälfte und kommt wieder nach unten.

Die Kenner der Liebe geben sechzehn tägliche Stationen im Körper deiner gazellenäugigen Herrin an, gleich so vielen Feuerfunken.

Am ersten Tag bringt der Liebhaber sein Mädchen dadurch zum Orgasmus, daß er ihren Nacken umfaßt, Küsse auf ihr Haupt drückt, seine Zähne gegen ihre Lippen preßt, ihre Wangen küßt, in ihrem Haar wühlt, die Fingernägel sanft in ihren Rücken und in die Seiten bohrt, sanft mit den Fingernägeln an ihren Hinterbacken zupft und leise den Laut sit von sich gibt.

Am zweiten Tag erlangt sie den Orgasmus, wenn du, liebeskrank von der Berührung ihrer Brüste, sie auf den Wangenrand und ihre Augen küßt, mit deinen Fingernägeln an ihren beiden Brüsten ziehst, an ihren Lippen saugst, ihre Achselhöhlen mit deinen Fingernägeln kitzelst und sie fest umarmst.

Am dritten Tag wirst du sie in richtiger Verfassung haben, wenn du sie fest umfaßt, am Haar in ihren Achselhöhlen zupfst, die Fingernägel leicht in ihre Seiten drückst, deine Arme um ihren Nacken schlingst, ihren Mund und ihre Zähne kostest und mit den Fingernägeln in der Gegend ihrer Brüste »klick« machst (es ist dies acchurita und wird im 8. Kapitel erklärt).

Am vierten Tag achten Liebhaber darauf, daß sie eine Frau noch fester fassen, ihre beiden Brüste fest zusammenziehen, sie in die Unterlippe beißen, den linken Schenkel mit den Fingernägeln kneifen, mehrmals »klick« in den Achselhöhlen machen und den Leib der lotusäugigen Herrin mit der Flüssigkeit einreiben, die aus der Quelle ihres eigenen Liebessaftes stammt.

Am fünften Tag fasse sie mit der linken Hand am Haar, beiße sie in beide Lippen und laß ihr Haar sich sträuben, indem du mit dem Fingernagel in gewundener Linie über sie streichst, beginnend an der Brustwarze – dann küsse leidenschaftlich beide Brüste.

Am sechsten Tag beiße sie auf ihre Lippen, und wenn sie über und über zu zittern beginnt, beginne mit dem »klick« am Nabel, dann bringe ihr, wie trunken vor Liebe, mit den Fingernägeln Liebesmale rings um beide Schenkel bei.

Am siebenten Tag bringe sie sanft in die rechte Beschaffenheit, indem du das Haus des Liebesgottes mit der Hand reibst, das Innere ihres Mundes küßt, mit den Fingernägeln über Nakken, Brüste und Wangen fährst und so die Bühne der Gottheit für die Aufführung vorbereitest.

Am achten Tag lege den Arm um ihren Nacken, berühre ihren Nabel mit dem Fingernagel, beiße auf ihre Lippen, mache ihr eine Gänsehaut rings um die Brüste und küsse diese. Dabei drücke sie fest an dich.

Am neunten Tag laß deine Hand mit der Schale ihres Nabels spielen, beiße sie auf die Lippen, ziehe an ihren Brüsten, lege einen Finger an das Haus des Liebesgottes und fahre mit deinen Nägeln über ihre Seiten.

Am zehnten Tag kannst du Liebe erwecken, indem du ihre Augenbrauen küßt, ihren Nacken mit deinen Fingernägeln drückst, mit deiner linken Hand über ihren Hintern streichst, über die Brüste, Schenkel, Ohren und den Rücken.

Am elften Tage wird sie kommen wegen des Spiels deiner Fingernägel an ihrem Nacken. Du umfaßt sie fest, küßt sie in ihrem Mund, heftest einen saugenden Kuß auf ihre Brauen, gibst ihr zum Scherz den einen oder anderen Klaps auf die Herzgegend und mit einer Hand spielst du am Schoß zum Gefängnis des Liebesgottes.

Am zwölften Tag küsse ihre Wangen, einen Arm um ihren Nacken gelegt, öffne mit deinen Fingern ihre Augen, gib den Laut sit von dir und beiße sie innerhalb ihres Mundes.

Am Tag des Liebesgottes (dem dreizehnten) wird sie rasch den Orgasmus erreichen, wenn du ihre Wangen küßt, an ihrer linken Brust ziehst und langsam mit den Fingernägeln an ihrem Nacken kratzt.

Am Tag des Feindes des Liebesgottes (Shiva) küsse ihre Augen, spiele mit deinen Fingernägeln in ihren Achselhöhlen, stoße mit deiner Hand nach der Art des Elefantenrüssels in die Festung des Liebesgottes und streiche über ihren ganzen Körper.

Bei Neumond und bei Vollmond wird eine Frau leidenschaftlich, wenn du mit deinen Nägeln über ihre Schultern fährst und ihre Scham und ihre Brustwarzen mit der Hand betastest.

3

Die Körpertypen nach ihren Geschlechtsmerkmalen
(Das System Vatsyayanas)

Je nachdem, ob ihr Geschlechtsglied sechs, neun oder zwölf Fingerbreiten lang ist, werden die Männer eingeteilt in Hasen (sasa), Ochsen (vrsa), Hengste (asva), die Frauen aber je nach Tiefe und Durchmesser ihrer Teile in Gazellen (mrgi), Stuten (vadava) und Elefanten (hastini).

Beim Geschlechtsverkehr gibt es drei passende Kombinationen: Gazelle/Hase, Stute/Ochse und Elefant/Hengst. Gazelle/Ochse und Stute/Hengst werden als »hohe« Kombinationen (uccarata), Stute/Hase und Elefant/Ochse als »niedrige« Kombinationen (nicarata) bezeichnet. Die beiden Extreme, »sehr hoch« und »sehr niedrig«, sind Gazelle/Hengst und Hase/Elefant. Entsprechend gibt es beim Coitus neun Paarungen nach ihrer Größe. Dabei werden die passenden Kombinationen als die besten angesehen; die hohen und niedrigen Kombinationen sind mäßig befriedigend, die sehr hohen und sehr tiefen sind unglücklich. Bei den »niedrigen« Kombinationen fängt die Frau niemals Feuer und empfindet niemals Lust, weil nicht genügend Reibung zwischen Penis und Vagina vorhanden ist. Bei den »hohen« Formen ist sie kalt und unbefriedigt, weil ständiger Schmerz und Empfindsamkeit der Scheide ihr Herz bekümmern.

Das Verlangen der Frau und seine Befriedigung
Tierchen im Blut versetzen die intimen Teile der Frauen in verlangenden Erregungszustand, der gering, mittel oder stark je nach Größe der Tierchen ist.

Bei der Milderung dieses Kitzels durch kräftiges Stoßen des Penis und des Fließens ihres Liebessaftes erleben die Frauen das Bedürfnis nach visrsti, das ist das weibliche Gegenstück zur Ejakulation. Am Anfang ist dieses Gefühl unangenehm und bringt ihnen wenig Befriedigung, aber bei der Klimax erleben sie eine Entladung wie die des Mannes, die ihnen vor Lust nahezu die Sinne nimmt. Eben noch kreischt die Frau, stöhnt, wirft sich umher in Nöten – im nächsten Augenblick liegt sie regungslos und mit geschlossenen Augen da.

Die Geschwindigkeit, mit der bei Mann und Frau der Orgasmus erreicht wird, kann schnell, mittel oder langsam sein. Es gibt daher neun mögliche Kombinationen je nach der Zeit. Beide Geschlechter können auch von kaltem, mäßig heißem und sehr heißem Temperament sein, und für einen Kenner der Liebe ist es wichtig festzustellen, welches davon vorliegt. Auch hierbei gibt es neun Möglichkeiten. Eine Frau, die stark wie ein Mann ist, die viele Schläge und Kratzer hinnehmen kann und lebhaft nach dem Geschlechtsverkehr verlangt, ist wahrscheinlich leidenschaftlich, bei einer Frau mit kaltem Temperament ist das Gegenteil der Fall und dazwischen liegende Merkmale deuten auf eine mittlere Veranlagung hin.

Passende Partnerschaft in diesen drei Merkmalen bietet die beste Möglichkeit für den Coitus, ein Mißverhältnis dieser drei Bedingungen aber die schlechteste, er wird dann nicht besser als bei den Tieren. Andere Kombinationen ergeben mittelgroße Grade des Vergnügens. Die sehr hohen und sehr tiefen Kombinationen sollten gänzlich vermieden werden. Mit diesen Regeln habe ich das ganze Gebiet in Kürze umrissen.

Ich will nun die verschiedenen Typen (mrgi usw.) und ihre Eigenschaften nach Vatsyayanas System beschreiben.

Die weiblichen Körpertypen
Die Gazelle (mrgi) hat einen gut geformten Kopf, dichtes gelocktes Haar, einen schlanken Körper mit prallem Hintern; kleine Nüstern, blitzende Zähne, schöne Wimpern, rote Lippen, rosige Hände und Füße, gut geformte zarte Arme, ovale

Ohren, Wangen und Kehle; Hüften und Schenkel nicht zu stark, zierliche Knöchel, dazu den schwingenden Gang eines mächtigen Elefanten. Sie ist voller Verlangen. Ihre Brüste sind hoch. Sie ist zart und leicht beweglich wie ein Bambusrohr. Sie ist von mäßig heißem Temperament, verlangt nach dem Beischlaf, ißt wenig und hat einen Liebessaft, der nach Blüten riecht. Ihre Finger sind gleichmäßig, ihre Rede ist langsam und zart, ihre Vagina sitzt tief und ist sechs Finger in Breite und Tiefe. Sie ist gerade gewachsen und verliebt.

Die Stute (vadava) hält ihren Kopf halb gebeugt. Sie hat festes, glattes, geschmeidiges Haar, ist beweglich wie ein Lotusblatt, hat ovale Ohren, ovales Gesicht und ovalen Nacken. Sie hat hervorragende Zähne, lange Lippen, stramme Brüste, sehr bezaubernde volle Arme, einen schlanken Leib und Hände weich wie Lotus. Ihr Brustbein ist breit, sie hat ein attraktives Stakkato beim Sprechen und ist ruhelos vor Verlangen; ihr Nabel sitzt tief und ist ganz rund. Sie hat feine Hüften, gleichmäßige glatte Schenkel, einen mächtigen Hintern, eine tief eingeschnittene Taille, einen lässigen, schaukelnden Gang, rosa gutgeformte Füße und ein wankelmütiges Herz. Sie liebt Schlaf und Speise, ist herzlich, ihr Liebessaft fließt beim Verkehr von Anfang bis Ende reichlich, hat einen angenehmen Geruch nach Sesammehl und ist gelb. Sie ist jederzeit zum Liebesstreit bereit und hat eine Vagina von neun Fingern.

Die Elefantenfrau (hastini) hat breite Brauen, breite Wangen, Ohren und Nüstern, kurze dicke Finger, Füße, Arme und Schenkel, einen kurzen, starken und leicht geneigten Nacken, sichtbare Zähne und starkes schwarzes Haar. Sie ist ständig krank vor Liebesverlangen. Ihre Stimme sitzt tief in der Kehle und ist tief wie die eines Elefanten. Ihr Körper ist stark. Sie hat einen breiten hängenden Bauch und ebensolche Lippen. Ihr Liebessaft ist reichlich. Sie ist rotäugig, streitsüchtig, und hat einen Geschlechtsgeruch nach brunftigen Elefanten. Sie hat gewöhnlich viele geheime Laster – hat ungewöhnlich viele Fehler, kann durch rohe Gewalt gewonnen werden und hat eine Vagina von zwölf Fingern. Diese Zahl wird der Sonne zugeordnet.

Die Körpertypen des Mannes
Der Hase (sasa) hat dicke rote Augen, kleine gleichmäßige Zähne und ein rundes Gesicht. Er kleidet sich gut, hat gut geformte, weiche rosa Hände mit schmalen Fingern, redet gewandt, ist flatterhaft und launisch und hat weiches Haar. Sein Nacken ist nicht zu lang; er ist mager an Knien, Schenkeln, Händen, Geschlecht und Füßen. Sein Appetit ist gering, er ist bescheiden und nicht sehr für die Paarung. Er glänzt vor Sauberkeit, verdient leicht Geld, und der Erfolg bläht ihn auf. Sein Samen hat einen angenehmen Geruch. Auf Frauen wirkt er anziehend. Er ist herzlich.

Der Ochse (vrsa) hat ein starkes, erhobenes Haupt, ein sehr breites Gesicht mit breiten Brauen, ein dickes Genick, fleischige Ohren und einen gerundeten Körper wie eine Schildkröte. Er ist stämmig, hat tiefe Achselhöhlen, lange hängende Arme, rote Hände und Lippen, Augen wie ein Lotusblatt – gerötet in den Winkeln – mit feinen langen Wimpern und unverwandtem, geradem Blick. Er ist lebhaft, hat einen beschwingten Gang, spricht leise, ist tüchtig, edelmütig, neigt zu langem Schlaf und ist großzügig; er ist groß, aber schmächtig, leidenschaftlich beim Coitus, fähig zu wiederholtem Orgasmus, phlegmatisch, gut erhalten im mittleren Alter mit Neigung zur Korpulenz, glücklich mit jeder Frau und mit einem Penis von neun Fingerbreiten Länge oder weniger.

Der Hengst (asva), mit diesem Wort bezeichnet man jene, die ein sehr langes, aber nicht mageres Gesicht haben, ebensolche Ohren, Nacken, Lippen und Füße, fette Achselhöhlen, fleischige Arme und starkes, dichtes, weiches Haar. Sie werden heftig vor Eifersucht, haben gewölbte Füße, gebogene Knie, gute Fingernägel, lange Finger, große bewegliche Augen, sind kräftig gebaut, aber träge. Ihre Stimme ist tief und angenehm; sie gehen rasch; ihre Schenkel sind prall. Sie lieben die Frauen, sprechen laut, haben starken Knochenbau und übermäßig viel Samen. Sie werden ständig von der Lust gepeinigt. Ihr Samen ist salzig, gelb wie frische Butter und sehr reichlich. Sie haben einen Penis von zwölf Fingerbreiten und ein hervorstehendes Brustbein von derselben Länge.

Wir können auch Personen begegnen, bei denen die Größe der Sexualorgane von diesem Standard abweicht. Diese stellen sehr extreme oder sehr dürftige Beispiele für ihren Typ dar. Auch gemischte Typen werden angetroffen – mit mittelmäßigen Merkmalen. Wenn der Kenner es mit solchen zu tun hat, wird er die Gesamtheit der Merkmale der jeweiligen Typen berücksichtigen müssen.

4

Alter, Temperament und Veranlagung der Frauen

Übers Alter

Bis zum sechzehnten Jahr wird ein Mädchen bala genannt. Vom sechzehnten bis zum dreißigsten Jahr ist die Frau taruni (eine junge Frau), von dreißig bis fünfzig ist sie praudha (erfahren) – von da ab ist sie vrddha (alt).[8]

(Eine Frau, die lange von ihrem Gatten getrennt gewesen ist, ist dünn, düster, zerbrechlich, lethargisch und hat tiefe Achselhöhlen. Eine Frau, die sich regelmäßigen Verkehrs erfreut, ist stark, hat eine goldene, schimmernde Haut und flache Achselhöhlen. Mischung dieser Merkmale ergibt einen mittleren Typ.)[9]

Hier sind nun die einzelnen Merkmale:

Einem jungen Mädchen, das noch nicht reif ist, muß man sich mit den »äußeren« Formen der Liebe nähern – eine reife Frau, die völlig entspannt ist, verlangt in ihrem Herzen nach den »inneren« Formen.

Das Mädchen (bala) kann dadurch gewonnen werden, daß man ihr Betelfrucht gibt, feine Mahlzeiten verspricht, immer wieder allerlei Wunder erzählt, durch Künste und durch Spiele. Die junge Frau (taruni) reagiert auf Geschenke von verlockenden Juwelen, die erfahrene Frau (praudha) liebt nichts mehr als langanhaltendes Liebesspiel. Die alte Frau gewinnt man durch höfliche Redensarten und durch Heiratsversprechen.

Über die Temperamente

Die phlegmatische Frau hat Knie, Gelenke und Knöchel, die nicht hervorragen. Ihre Sprache ist leise und ruhig, und sie ist sanft wie ein Lotus. Eine Frau mit heißen Gliedern und vorstehenden Gelenken ist von galligem Temperament. Eine Frau von luftigem Temperament ist dürr – ihre Glieder sind teils kalt, teils heiß. Eine phlegmatische Frau ist heiß, die gallige Frau jedoch hat einen Körper so kühl wie frische Butter – sie ist auch stolz.

Die Regeln für den Verkehr mit diesen drei Typen (luftig, gallig, phlegmatisch) sind diese: In Leidenschaft und bis zur Erreichung des Orgasmus sind sie langsam, mittel und schell; von feuchter, heißer und tiefliegender Vagina; am bereitwilligsten zum Coitus im kalten Winter, in der Regenzeit und im Monat Madhu.

Die in der Praxis zu beachtenden Symptome dieser Typen werden im Gunapataka (eine offensichtlich verlorengegangene medizinische Abhandlung) wie folgt ausführlicher behandelt:

Die phlegmatische Frau hat feine Nägel, Augen und Zähne, sie hat ein angenehmes Temperament, ist stolz, treu und hat eine kühle, volle Scham, die bei der Berührung angenehm ist.

Die gallige Frau ist ihrem Wesen nach leichtsinnig, und ihre Charaktermerkmale liegen zwischen den beiden anderen Typen. Sie ist hellhäutig, hat harte Brüste, rosige Nägel und Augen – ihr Schweiß hat starken Geruch, sie ist abwechselnd ärgerlich und ergeben, sie liebt die Kühle und haßt heißes Wetter. Sie selbst ist heiß, hat eine weiche Scham, ist schlau, erfahren und beim Verkehr immer sehr zärtlich.

Die luftige Frau ist von den drei am wenigsten wert. Sie ist grob, bummelig und äußerst geschwätzig. Ihr Haar hat die Farbe angesengten Holzes. Sie ißt viel, hat einen kühlen Körper, hartes Haar. Sie ist stark, ihre Nägel und Augen sind dunkel, und ihre Vagina ist bei der Berührung rauh wie eine Kuhzunge.

Mischungen zwischen diesen Typen können an der Kombination der Merkmale erkannt werden.

Von den Veranlagungen (Sattvas)
Der göttliche Typ (devasattva) hat einen sauberen, duftenden Körper und ein heiteres Gesicht. Er hat Geld und Diener und ist sehr schön.

Der menschliche Typ (narasattva) hat eine ausgeglichene Veranlagung, ist gewandt, liebt Unterhaltung und Gesellschaft und kann fasten, ohne Kraft zu verlieren.

Der Schlangengeist-Typ (nagasattva) seufzt und gähnt viel, liebt es, sich träge dahinzuschleppen, schläft immer wieder ein und wird plötzlich wieder äußerst tätig.

Der Naturgeist-Typ (yaksasattva) hat absolut keinen Respekt vor würdigen Personen, liebt öffentliche Gärten und Tavernen, hat Freude am Coitus und bekommt leicht einen Koller.

Der Engel-Typ (gandharvasattva) ist die Bezeichnung, die man einer Frau ohne Ärgergefühle gibt, einer, die göttliche und blendende Kleidung trägt, Girlanden liebt, Parfüms und Weihrauch, eine geübte Sängerin und Schauspielerin und in den vierundsechzig Künsten gebildet ist.

Der Teufels-Typ (pisacasattva) ist vor Stolz aufgeblasen, ißt viel zuviel, hat einen bei der Berührung heißen Körper, liebt rotes Fleisch und starke Getränke.

Der Krähen-Typ (kakasattva) läßt die Blicke nach allen Richtungen schweifen, überißt sich, bis sie krank ist, und ist voll nutzloser Tätigkeit.

Eine Frau mit schweifendem Blick, die Nägel und Zähne bei der Liebesschlacht zu gebrauchen liebt und unbeständigen Sinnes ist, soll affengesinnt sein (vanaraprakrti); während eine, die unverschämte und grobe Antworten gibt und sich liederlich mit Männern herumtreibt (nach Lienhard »ihren Liebhaber schlägt«), vom Esel-Typ ist (kharasattvika).[10]

Kurze Zusammenfassung der Frauentypen
Von diesen verschiedenartigen Einteilungen – nach der Größe der Organe, nach dem Alter, nach dem Körperbau, nach der Veranlagung – ist die nach dem Körperbau vorherrschend. Karnisuta und andere Autoren haben den Liebesstil für jeden Typ dargelegt.

Diese kurze Zusammenfassung soll festgehalten werden:
Ein hübsches Mädchen von phlegmatischer Konstitution, eine Stuten- oder Gazellenfrau, ein Engel, yaksi, menschlicher oder göttlicher Typ, ein junges Mädchen oder eine Frau in Jugendfrische – das ist das Ideal für jene, die Vergnügen in dieser Welt wünschen.

Von den Dingen, durch die eine Frau verdorben werden kann (strinasahetu)
Unabhängigkeit, zu langes Zusammenleben mit den Eltern, Teilnahme an öffentlichen Festen, allzu freies Benehmen in männlicher Gesellschaft, Leben im Ausland, der Besitz zu vieler mannstoller Freundinnen, eine Liebesenttäuschung, ein zu alter Ehemann, Eifersucht und Reisen – das sind die Dinge, die eine Frau ruinieren können.

Von der Abneigung und ihren Ursachen (Vairagyahetu)
Feigheit, Mangel an Ausdauer, Unsauberkeit, Geiz, Unkenntnis der richtigen Zeiten für die Liebe, Roheit, übermäßige Grausamkeit beim Liebesakt, die Weigerung Schmuck zu schenken, Bemäkeln von Fehlern, Unterdrückung sexueller Lust, Vernachlässigung und Gemeinheit flößen den Frauen die größte Abneigung ein. Eine Frau wird einen solchen Mann weder beachten, noch seine Freunde und Bekannten ehren. Sie wird ihm widerstehen, seiner Gesellschaft überdrüssig werden und froh sein, wenn sie von ihm gehen kann. Wenn er sie küßt, wird sie ihr Gesicht abwenden; sie wird nicht wünschen, von ihm eine Gunst erwiesen zu bekommen, sie wird bedrückt sein

und sich weigern, seine Worte zu erwidern, sie wird es übelnehmen, wenn er sie berührt, und Schlaf vortäuschen, wenn er ins Bett kommt. Das sind die Anzeichen der Abneigung.

Vom Verlangen
Die Anzeichen des Verlangens sind nach dem Gunapataka bei Frauen, die bereits den Coitus genossen haben, dieselben wie bei denen, die ihn noch nicht kennen.

Ein verliebtes Mädchen saugt an ihren Lippen, ihre Blicke schweifen umher wie Fische im Teich, sie trägt Blumen im Haar, bindet es auf und läßt es bald wieder herunter. Ihre Brüste verraten sich hinter der Kleidung, ebenso ihr Hintern – ihr Gürtel gerät ins Rutschen, und wenn er noch so fest gebunden ist.[11] All das dient einer Frau, wenn sie zur Kenntnis geben will, daß sie verliebt ist. Wenn sie sich nach einem Mann sehnt, so oft sein Gesicht, sein gutes Aussehen, seine Unterhaltung, seine Tugenden und seine Herzlichkeit gepriesen werden; und falls sie, wenn er nicht anwesend ist, mit Entzücken Kunde von ihm durch seine Bekannten und Freunde erhält. Auch das ist ein Zeichen dafür, daß sie verliebt ist.

Die besten Zeiten für den intimen Verkehr
Das Verlangen nach dem Coitus ist bei Frauen stark, wenn sie ermüdet sind von der Reise, wenn sie in der Rekonvaleszenz nach einem Fieber oder matt vom Tanzen sind; einen Monat nach der Entbindung und im sechsten Monat der Schwangerschaft. Die angenehmsten Gelegenheiten für den intimen Verkehr sind Wiedervereinigung nach langer Trennung, Versöhnung nach einem Streit, der erste Verkehr nach der monatlichen Reinigung, und wenn die Herrin getrunken hat.

Beim ersten Liebesakt (dem ersten einer Reihe von Vereinigungen – nicht Defloration) zeigen Frauen gewöhnlich nur geringe Leidenschaftlichkeit und benötigen längere Zeit, um den Orgasmus zu erreichen. Bei den Männern ist es umgekehrt.

Vom Orgasmus und seiner Zurückhaltung
Männer erreichen normalerweise den Orgasmus schneller als Frauen. In Erkenntnis dessen muß der Mann die Frau so behandeln, daß sie vorher völlig feucht ist. Angesichts des Einflusses regionaler Vorzüge, der Jahreszeiten und des Typs und durch entsprechende Anwendung »äußerer« Umarmungen kann er sicherstellen, daß sie, nachdem sie gründlich erregt und in tiefer Liebe ist, schnell feucht und schnell befriedigt wird.

Wie leidenschaftlich auch ein Mann immer sein mag, kann er doch unbeschränkt potent bleiben, wenn er während des Aktes an Flüsse, Wälder, Höhlen, Berge oder andere angenehme Orte denkt und sanft und langsam vorgeht. Wenn er sich einen behenden Affen vorstellt, der an einem Ast schaukelt, wird er erst ejakulieren, wenn der Samen schon an der Spitze seines Penis ist.

Über die Formen des Verlangens (Priti)
Liebe, die aus einer Tätigkeit entsteht[12] wie Jagd, Malen, Tanzen oder vina-Spiel wird von dem Wissenden bedingte Liebe genannt. Jene aber, die weder einer Tätigkeit noch sonstigen Umständen entspringt, sondern sich spontan im Herzen erhebt, wie das Verlangen des Eunuchen nach intimen Verkehr mit dem Mund, oder von Männern und Frauen, sich zu küssen und zu umarmen, wird spontan, Liebe, die sich aus gleicher Gesinnung der Liebhaber ergibt, wird geistig genannt. Sie entsteht in der Seele und ist die innigste von allen.

Alles, was wir über persönliche Unterschiede, Körpertypus, Alter und andere Gebiete gesagt haben und was wir nun über örtliche Gewohnheiten und Geschmacksrichtungen sagen werden, sollte der Liebhaber im Sinn haben, wenn er sich einem Mädchen nähert.

5

Über die Frauen je nach Sitte und Gegend
(Desasatmyam)

Die Frauen[13] der Zentralprovinzen haben feine Manieren und mögen keine Liebesmale von Nägeln und Zähnen, auch keine Küsse; auch die Frauen von Avanti und Balh lieben mehr die fortgeschrittenen Arten des Coitus.

Die Frau von Abhira liebt Umarmungen, aber nicht die Male von Fingernägeln und Zähnen; sie freut sich über erotische Schläge, und ihr Herz kann durch Küsse gewonnen werden. Die Malava-Frau hat einen ähnlichen Geschmack.

Die Frau von Gujarat ist ein wahrer Hort des Spaßes, ein Schatzhaus der Liebe. Sie redet freundlich, ist in allerlei Intimitäten erfahren, hat schönes Haar, schlanke Figur – zittert vor Erregung und ist weltbekannt wegen ihrer Geilheit.

(Die Frau von Gujarat hat wallende Locken, eine schlanke Figur, üppige Brüste, schöne Augen und eine angenehme Sprache. Sie liebt alle inneren und äußeren Formen in der Liebe, mag aber keine rauhe Behandlung. Sie ist als Liebhaberin berühmt.) – Soweit eine andere Version nach Schmidt.

Die Frauen aus dem Distrikt der Flüsse Iravati, Indus und Satadru, zwischen dem Vipas und dem Vitasta, auch die vom Candrabhaga können nur gewonnen werden (oder »zum Orgasmus gebracht« werden?) durch Küssen auf die Genitalien.[14]

Die Frau von Lata wird höchst leidenschaftlich durch leichte Schläge aus Liebe, den Gebrauch der Fingernägel und Zähne. Sie liebt Umarmungen, ist sehr feurig, hat sehr zarte Glieder und tanzt bei der Aussicht auf Vergnügen.

Die Andhra-Frau überschreitet die Grenzen dezenten Benehmens und liebt rauhe Sitten. Sie wird krank vor Leidenschaft, ist erfahren im »Stuten«-Coitus (vadavaka, le pompoir) und ist sehr sanft.

Die Frauen von Strirastra und Kosala können durch den Gebrauch eines künstlichen Penis erregt werden. Sie lieben es, hart gestoßen zu werden, und ihre Scheide gerät dabei in heftige Zuckungen.

Die Frauen von Maharastra sprechen roh wie Bauern, sind schamlos und finden Gelegenheit für alle vierundsechzig Künste der Liebe. Dasselbe trifft auf die Frauen von Pataliputra zu.

Die Frauen von Dravida können dadurch erregt werden, daß man sie unaufhörlich streicht, innen und außen, und durch die »äußeren« Formen der Umarmung, aber sie reagieren langsam. Sie haben sehr reichlichen Liebessaft und erreichen vollständigen Orgasmus beim ersten Coitus.

Die Vanivasa-Frauen (Norden von Kerala) machen sich über die Körperschwächen anderer lustig, machen sich jedoch ein Vergnügen daraus, ihre eigenen zu verbergen. Sie sind mäßig leidenschaftlich und halten jede Behandlung aus.

Die Herrin mit den Hinterbacken von Gauda und Vanga (West-Bengalen) hat einen zarten, schlanken Leib, süße Stimme, ist mittelmäßig leidenschaftlich, hat einen raschen Gang und keinen Sinn für Liebesschlachten.

Die Frau von Kamarupa (Assam, Manipur) ist zart wie eine Mimose, wird sehr leidenschaftlich und kann schon dadurch erregt werden, daß man nur mit dem Finger über sie streicht, reagiert aber erst voll und ganz auf der Bühne des Liebesgottes (auf ihrer Vulva). Sie hat eine angenehme Rede.

Die Frau von Utkala (Orissa) hat eine mächtig leidenschaftliche Natur, liebt das Spiel mit Fingernägeln und Zähnen und ist besonders entzückt von Küssen auf die Genitalien – genauso sind die Mädchen von Kalinga.

Die Frau von Kuntala bereiten größtes Vergnügen alle Anwendungsarten der Fingernägel, feste Schläge und die verschiedenen Techniken des Geschlechtskusses. Sie verlangt nach beispiellosen Liebesschlachten, hat keine Hemmungen und viel Leidenschaft.

Die Frau von Andhra ist nur geschickt in den Banden der Liebe[15], die Cola-Frau ist raffiniert, die Karnatik-Frau ist geschickt, wenn sie den Coitus herbeiführen will, die Frau von Lata liebt das Gesuchte, die Malava-Frau ist boshaft, die Frau von Maharastra kennt die Kunst durch und durch, die Frau von Surastra hat Gazellenaugen, die Frau von Gujarat spricht nett und liebt künstlichte Kniffe.[16]

Das ist die Lehre des Weisen (Vatsyayana) über örtliche Sitten. Ein junges Mädchen aus einer fremden Gegend des Landes sollte entsprechend studiert werden. Die ihr innewohnenden Neigungen können nur durch Erfahrung gefunden werden; wo persönlicher Geschmack und Ortssitte einander widersprechen, so ist der erstere wichtiger.[17]

Wenn du die Unstimmigkeit zwischen persönlicher Vorliebe und örtlicher Sitte berücksichtigt hast, auch den Körpertyp, Zeitspanne bei der Erreichung des Orgasmus, Grad des Reagierens, Altersgruppe und Konstitution, kannst du entsprechend vorgehen – zuerst mit den entsprechenden »äußeren« Formen des Liebesspiels, und dann mit den »inneren«. Beginne mit den »äußeren« Formen – die erste ist die Umarmung (alingana). Hierbei muß man zwei Arten unterscheiden, eine zum Gebrauch vor Beginn des Liebesspiels, eine andere für den Zeitpunkt, wo es bereits stattfindet. Es gibt zwölf Arten der Umarmung, die wir zunächst beschreiben wollen.

6

Umarmungen
(Alingana)

Es ist nun an der Zeit, die »äußeren« Arten des Liebesaktes zu beschreiben, beginnend mit den Umarmungen, bei denen wir zwei Gruppen unterscheiden, je nachdem, ob das Liebesspiel bereits begonnen hat, oder noch nicht. Insgesamt sind es zwölf Arten.

Wenn ein Mann eine Frau auf irgendeinem Botengang trifft und es fertigbringt, dabei ihren Körper zu berühren, so ist das die Umarmung durch Berühren.

Wenn sie miteinander in einer Prozession gehen, oder im Dunkeln, und ihre Leiber berühren sich eine beträchtliche Zeit, so ist das die Umarmung durch Reiben. Wenn einer den anderen dabei an eine Wand preßt, so wird es die Umarmung durch Pressen.

Wenn »Sie-mit-dem-Hintern«[18] es fertigbringt, sich mit ihren beiden Brüsten an den Mann zu schmiegen, während er sitzt oder steht, so daß sich ihre Augen begegnen und er nach ihr greift, so ist es die Festhalte-Umarmung.[19]

Für zwei, die einander ihre Liebe noch nicht erklärt haben, gibt es vier Umarmungen, durch die sie ihre Gesinnung kundtun können. Für jene aber, die bereits die Liebe miteinander genossen haben, erkannten die Alten acht Umarmungen an, durch die das Verlangen beschleunigt werden konnte.

Wenn die schlanke Frau die sehnsüchtige Ranke einer Kletterpflanze nachahmt und ihren Liebhaber umschlingt, wie es eine Liane mit einem Baum tut, dabei sanft den Laut »sit« und kleine Liebeslaute von sich gibt, dann sein Gesicht herabzieht, um es zu küssen, das ist die Lianen-Umarmung.[20]

Wenn sie seufzend mit einem Fuß auf dem ihres Liebhabers steht und den anderen an seine Hüfte legt, einen Arm um seine

Taille und den anderen um seine Schulter geschlungen, so daß sie, wenn er sie küßt, ihn erklettert wie einen Baum, nannte es der Begründer unseres Wissensgebietes die Umarmung des Baumbesteigens.[21]

Diese beiden Methoden sind nützlich im Stehen. Die folgenden Umarmungen sind für Liebhaber, die beieinander liegen. Wenn sich das Paar umarmt und dabei wie in ebenbürtigem Kampf Arme und Schenkel kreuzt, das Spiel also zu den »inneren« Formen des Liebesaktes führt und sie regungslos Körper an Körper beisammen liegen, so hat es der Begründer unserer Wissenschaft die »Sesam- und Reisumarmung« genannt.

Wenn die Frau im Schoß ihres Liebhabers liegt oder auf dem Bett, das Gesicht ihm zugewandt und in zärtlicher Umarmung, wenn beide hemmungslos im Sturm der Leidenschaft ihre Leiber aneinanderpressen, so ist diese Umarmung bekannt als »Milch und Wasser«

Wenn der Gatte die Bühne des Liebesgottes gut besetzt hat und die Schenkel seines erregten Weibes fest zwischen seinen eigenen hält, so nennen es die Kundigen die Schenkel-Umarmung.

Wenn die Frau Haar und Kleid fliegen läßt, ihre Scham an seine Schenkel drückt und auf ihn klettert, um ihn zu küssen und ihm Male mit den Fingernägeln und Zähnen zu geben, so hat es der Begründer unserer Wissenschaft die Umarmung mit der Pubis genannt.

Wenn sie in ihrer Leidenschaft fest auf die Brust ihres Liebhabers drückt, ihn das Gewicht ihrer eigenen Brüste fühlen läßt, so ist es die Umarmung mit dem Sternum.

7

Vom Küssen
(Cusana)

Die für Küsse vorgeschriebenen Stellen sind die Augen, der Nacken, die Wangen, das Zahnfleisch und das Innere des Mundes, die Brüste und der Zwischenraum der Brüste. In Lata haben die Leute auch die Angewohnheit, gemäß ihrer Sitte, sich leidenschaftlich auf die Geschlechtsteile zu küssen, auf die Region unter dem Nabel und auf die Achselhöhlen.

Der formale Kuß (nimitaka) wird dann gegeben, wenn eine Frau gezwungenermaßen ihre Lippen auf die eines Mannes legt, aber dabei starr vor sich hinblickt.

Der Saugekuß (sphuritaka) ist jener, bei dem sie eine Knospe aus ihrer Unterlippe bildet, als ob sie ihres Liebhabers Unterlippe festhalten und daran ziehen wollte, aber doch nicht zieht.

Der stoßende Kuß (ghattitaka) ist es, wenn sie die Lippen des Gatten mit den eigenen faßt und hält, seine Augen mit der Hand bedeckt und ihre Zunge ein wenig in seinen Mund stößt.

Wenn der Mann ihr Kinn von unten nimmt und ihr Gesicht etwas von einer Seite zur anderen bewegt, so ist es der Wanderkuß (bhranta).

Wenn der Gatte heimkommt und küßt die schlafende oder vorgeblich schlafende Frau, so sind es die beiden Arten des Wachküssens.

Der kreuzweise Kuß (tiryak) ist eine Art davon, bei der sie von der Seite im Profil geküßt wird. Die letzten beiden werden Druck-Küsse genannt (piditaka), wenn die Unterlippe mit Druck festgehalten wird. Dabei öffnet der Mann ihre Lippen mit der Zunge, faßt ihre Unterlippe mit zwei Fingern und drückt sie mit seinen Zähnen zärtlich, gerade nur so viel, daß es ihr Vergnügen bereitet.

Wenn der Mann beim Kuß in die Oberlippe beißt, so ist es der Oberlippenkuß (uttarostha). Wenn bei einem Kuß, den der Gatte seiner Gattin oder diese ihrem Mann, falls er gut rasiert ist, gibt, beide Lippen des einen zwischen beiden Lippen des anderen gedrückt werden, so ist es der geschlossene Kuß (samputa). Daraus wird der Zungenkampf (jihvayuddha – maraichinage)[22], wenn sich ihre Zungen begegnen und miteinander ringen.

Was die nicht auf den Mund gegebenen Küsse anbelangt, auf eine der vorgeschriebenen Stellen, so können sie leicht, mittel, drückend oder schwer sein.

Eine andere Kußart ist der Bild-Kuß, den man in Stellvertretung einem Porträt, Spiegel usw. gibt. Er ist geeignet für Mann oder Frau und wird benutzt, um eine neue Liebe zu erklären.

Ein Kind oder eine Statue zum Zeichen des Verlangens zu umarmen, ist ein Beispiel für den übertragenen Kuß (samkranta).

8

Über Liebesmale
(Nakhacchedya)[23]

An den Achselhöhlen, den Armen, den Schenkeln, der Pubis, Brüsten und Nacken wird ein feuriges Paar Spuren der Fingernägel hinterlassen. Sie kommen auch bei weniger leidenschaftlichen Paaren vor, besonders beim ersten Coitus, wenn ein Streit beigelegt worden ist, nach der Menstruation, wenn sie getrunken haben, oder wenn sie dabei sind, sich zu trennen (wegen einer Reise oder einem anderen Grund). Die Fingernägel leidenschaftlicher Liebhaber sollten lang sein und starke Spitzen haben. Sie dürfen lang sein, aber nicht schmutzig werden. Sie sind biegsam, glänzend und frei von Rändern oder Rissen.[24]

Eine leichte Berührung an der Wange oder zwischen den Brüsten mit den fünf Nägeln, gerade stark genug, um eine schwache Linie zu zeichnen und die Haare sich erheben zu lassen, wird acchurita (der Klick) genannt, und zwar wegen des Lautes cata-cata, der dadurch entsteht, daß die Fingernägel an den des Daumens stoßen.

Eine gebogene Linie ist ein Halbmond; zwei davon, die sich anblicken, werden von der maßgeblichen Autorität (Vatsyayana) der Kreis (mandalaka) genannt, und er schreibt seinen Gebrauch am oberen Teil der Pubis, an den Leisten und den Schenkeln vor. Ein deutlicher, zwei oder drei Daumenbreiten langer Kratzer ist die Linie (rekha).

Der Pfauenfuß entsteht dadurch, daß man den Daumennagel unter der Brustwarze ansetzt, die Finger darüber und beide zusammenzieht, bis sie sich treffen. Der Hasensprung entsteht dadurch, daß man die Brust rings um die Warze mit allen fünf Fingernägeln anpackt. Ein Kratzer an der Brust oder am Gürtel-Pfad (jener Streifen, den der Gürtel bedeckt) wird nach seiner Form Lotusblatt genannt. Drei oder vier tiefe Kratzer in der Pubisgegend oder an den Brüsten werden von den Kundigen vorgeschrieben, bevor man eine Reise unternimmt. Sie gelten als Andenken.[25]

Über Male von den Zähnen (Dasanacchedya)
Die Zähnen sollten geputzt, scharf, nicht zu lang und nicht zu klein sein, auch von schöner Färbung, ebenmäßig und ohne Spalt dazwischen. Sie können an all den Stellen benutzt werden, die auch fürs Küssen gelten, ausgenommen Mund und Augen.

Der verborgene Biß ist ein kleines rotes Mal, besonders an der Unterlippe. Der geschwollene Biß wird auf der linken Wange oder der Lippe durch Drücken erzeugt. Längeres Drükken an diesen Stellen ruft das hervor, was »Stein gegen Koralle« genannt wird.

Der Fleck (bindu) ist eine kleine runde Wunde von der Größe eines Sesamkorns, den nur zwei Zähne auf der Lippe hinterlassen. Wenn ein Mal durch alle Zähne hervorgerufen wird, so heißt man es Halsband oder Fleckenreihe; es ist ein Schmuck an der Achselhöhle, zwischen den Brüsten, am Nakken oder in der Leistengegend (bindumala).

Ein Mal wie ein unregelmäßiger Kreis an der weichen Stelle der Brüste, von allen Zähnen herrührend, heißt die gebrochene Wolke. Eine lange tiefe Doppelreihe von Abdrücken mit einer dunkelroten Quetschung dazwischen, passend zu der Konvexheit der Brüste, ist das Mal des Keilers.[26]

9

Der Coitus und seine Stellungen
(Bandhas)

Die Vorbereitung
Der geübte Liebhaber empfängt in einem hellerleuchteten, mit Blumen geschmückten Raum. Weihrauch brennt. Er trägt seine hübscheste Kleidung, sein ganzes Gefolge ist anwesend. Er setzt seine Dame, die mit all ihren Juwelen geschmückt ist, zu seiner Linken und beginnt eine lebhafte Unterhaltung mit ihr. Dabei legt er seinen linken Arm zärtlich um sie. Er versucht die Kante ihres Kleides, ihre Hände, ihre Brüste und ihren Gürtel zu berühren. Er singt ihr heitere Lieder vor. Wenn er sieht, daß ihr Verlangen erwacht, schickt er den Rest der Gesellschaft weg. Er küßt sie immer wieder auf die Stirn, auf Kinn, Wangen und Nasenspitze. Er preßt seine Zunge gegen ihr Zahnfleisch und ihre Zunge, läßt ständig den Laut »sit« ertönen und bringt mit den Fingernägeln das »Klick« dicht unter ihrem Nabel, an ihren Brüsten und ihren Schenkeln an. Er lokkert ihren Gürtel, sobald sie Vertrauen zeigt und sorgt dafür, daß sie nicht dazu kommt, den gewonnenen Mut wieder zu verlieren. Wenn sie Mißvergnügen zeigt, küßt er ihr Ohrläppchen, drückt die Spitze seines Penis gegen das Haus des Liebesgottes, legt seinen Mund an ihren, umschlingt ihren Körper fest mit seinen Armen und versucht schließlich, mit seinen Händen nach ihrer Vagina zu tasten.

Beschreibung der Vagina
Von viererlei Art ist das Haus des Liebesgottes bei der Frau: innen glatt wie ein Lotus, bedeckt mit kleinen Knoten, faltig oder rauh wie eine Kuhzunge. Jede von diesen ist weicher als die nächstgenannte und reagiert rascher als diese.

Die Vulva enthält eine Röhre von der Form des Penis. Sie ist der Flügel, auf dem der Liebesgott reitet. Wird sie mit zwei Fingern geöffnet, beginnt der Liebessaft zu fließen. Diese Röhre und der Sonnenschirm des Liebesgottes (Vagina und Clitoris) sind die beiden charakteristischen Organe der Frau. Der Sonnenschirm des Liebesgottes ist ein nasenförmiges Organ dicht über dem Eingang zu des Gottes Wohnung und voll von den Adern, die den Liebessaft spenden. Nicht weit davon ist in der Vulva ein Gang purnacandra (Vollmond), der mit Saft gefüllt ist (Bartholins Gang?). Es gibt auch noch einen Gefäßraum (Vorhof?). Wenn diese drei Zonen mit dem Finger gerieben werden, so wird die Frau in Kondition gebracht.

Von einigen Arten mit verschiedenen Namen dieses Fingerspiels[27] will ich die folgenden nennen: Elefantenrüssel, Schlangenrolle, Halbmond[28] (ardhendu) und der Kama-Stachel (Mandanankhusa).

Verhalten beim Verkehr
Ein schwieriges Mädchen kann erregt werden, indem das vordere Blutgefäß[29] stark mit Daumen und Finger gereizt wird, und zwar so lange wie nötig. Wenn das Königreich des Liebesgottes vollkommen vorbereitet ist mit Hilfe von Fingernagel- und Zahnmalen, Küssen, Umarmungen und Fingerspiel, kann man dazu übergehen, den Penis zu gebrauchen.

Die Arten des Geschlechtsverkehrs
Wenn der Gatte die »äußeren« Umarmungen in der bewährten Weise vorgenommen hat und sieht, daß sein Weib entflammt ist, wird er mit einer Waffe eindringen, die ihren Teilen angemessen sein sollte.

Indem sie ihre Schenkel geschlossen hält, kann eine weite Vagina verengt werden, wenn sie zu eng ist, kann sie dadurch geweitet werden, daß die Frau ihre Schenkel spreizt. Bei einer »niedrigen« Verbindung muß sie, um Lust zu empfinden, eine Scheide schließen, die zu groß ist, bei der »hohen« Form ist es nötig, sie zu weiten, und bei einer passenden Verbindung wird sie gelassen, wie sie ist.

Der weise Vatsyayana hat fünf Arten der fleischlichen Vereinigung angegeben, nämlich die auf dem Rücken (uttanaka), auf der Seite (tiryak), im Sitzen (asitaka), im Stehen (sthita) und auf dem Bauche liegend (anata). Ich will nun die einzelnen Formen genau wiedergeben. Von den vielen uttanaka-bhandas sind zwei für samarata vorgeschrieben, drei für uccarata und vier für nicarata. Aber dafür gab der Weise keine Regeln an.

Wenn die Frau auf dem Rücken und der Mann auf ihr liegt, ihre beiden Beine zwischen seinen Schenkeln, so ist es die ländliche Art (gramya), die städtische Art aber ist es (nagaraka), wenn ihre Beine außerhalb von seinen liegen.[30]

Wenn sie den Hintern in ihren Händen ruhen läßt, ihre Scheide hochhebt und ihre Fersen außen an ihren Hüften hält, während ihr Liebhaber sie an den Brüsten faßt, so ist es utphullaka (die offene Blume).

Wenn sie beide Beine schräg anhebt und ihre Scham weit spreizt, um ihn einzulassen, so nennt man es jrmbhitaka (das Klaffen).

Wenn sie beide Beine gleichmäßig an ihre Seiten legt, während sie seine Seiten mit ihren Knien packt, was nur durch Praxis zu erlernen ist, so nennt man es Indras Weib (Indranika).

Wenn beide bei der Paarung ihre Beine ausgestreckt halten, ist es samputaka (die Schachtel)[31], wovon es zwei Formen gibt, je nachdem, ob die Frau auf dem Rücken oder auf der Seite liegt.

Preßt sie ihre ausgestreckten Schenkel dicht zusammen, ist es piditika (der Druck), und wenn sie sie kreuzt, vestitaka (die Klammer).

Wenn der Mann reglos bleibt und sie den Penis mit den Schamlippen »schluckt«, so ist es der Stuten-Coitus (vadavaka).

Wenn sie ihre Schenkel dicht zusammenpreßt, sie hebt und

fest umfaßt, so ist es bhugnaka (die Gekrümmte), wenn sie ihre beiden Fußsohlen an seine Brust legt, so wird es urahspnutana (Brustspalten), und wenn ein Fuß ausgestreckt ist, wird es als »halber Druck« (ardhanapidita) bezeichnet.

Wenn beide Beine der Frau auf den Schultern des Mannes liegen, ist es die jrmbhitaka-Art.[32] Wenn ein Bein unten bleibt und ausgestreckt ist, so ist es die ausgestreckte Art (sarita); wenn das mit häufigem Wechsel der Beine ausgeführt wird, wird daraus das berühmte »Bambusspalten« (venuvidarita). Wenn ein Bein unten bleibt und der andere Fuß auf den Kopf des Mannes gelegt wird, so ist es der Speerstoß (sulacitaka).[33]

Wenn die Frau ihre Fußsohlen zusammenlegt und beide Füße auf den Nabel des Mannes legt, so ist es die Krabbe (karkataka).

Wenn sie in derselben Stellung heftig mit ihren Füßen stößt, ist es die Schaukel (prenkha).

Wenn sie jeden Fuß auf den gegenüberliegenden Schenkel legt, ist es padmasana (der Lotussitz) oder der halbe Lotussitz (ardhapadmasana), wenn nur ein Fuß gekreuzt wird.

Wenn sie ihre Arme unter ihre Knie bringt und um ihren Nacken legt und ihr Liebhaber sie fest um den Nacken faßt, wobei er seine Arme zwischen ihren hindurchführt, so ist das den Kundigen als Kobraschlinge bekannt (phanipasa).

Wenn das Mädchen ihre Finger an die großen Zehen legt und der Mann mit seinen Armen unter ihre Knie gleitet und sie um ihren Nacken schlingt, so ist es die Bündel-Stellung (samyamana).

Wenn er sie dann nimmt – Mund an Mund, Arm an Arm und Bein an Bein, so ist es die Schildkröte (kaurma).

Und wenn sie schließlich ihre Schenkel hebt, sie dabei dicht zusammenhält und er sie mit (zwischen) seinen Füßen drückt, so ist es (eine Form) von piditaka.[34]

Das sind die Frontalstellungen (uttanaratas). Ich gehe nun zu den seitlichen Stellungen über (tiryak).

Wenn die Schenkel des Mannes zwischen denen der Frau liegen, wurde es von den Weisen samudga genannt (die Lade), und wenn sich dabei jeder Partner vom anderen abwendet (ein Trick, der Übung erfordert) ist es parivartanaka (die Abwendung).[35]

Sitzstellungen (asitaka-bhandas). Wenn Mann und Frau sich gegenübersitzen, jeder mit einem ausgestreckten und einem angezogenen Bein, so ist es die zweifüßige Stellung (yugmapada).[36]

Wenn der Mann zwischen den Vorderarmen einer schönen Frau sitzt und sie unter wiederholtem Schütteln seiner Schenkel nimmt, ist es die Reibungs-(vimarditaka)-Stellung, aus der markatika (die Affenstellung) wird, wenn sie nach der entgegengesetzten Richtung schaut.[37]

Das sind die richtigen Formen der Paarung. Ich will nun die Bildstellungen gesondert behandeln (citramohana).

Wenn ein Paar aufsteht, sich gegen eine Wand, einen Pfeiler oder einen Baum lehnt (sthita – stehende Haltungen), so gibt es dabei vier Arten. Wenn der Mann seine Arme unter die Knie des Mädchens bringt und sie hebt, um einzudringen, während sie ihre Arme um seinen Nacken schlingt, ist es die Knie-Ellbogen-Stellung (janukurpura), ein Name, der aus »Knie« und »Ellbogen« zusammengesetzt ist.

Wenn (nur) ein Bein[38] gehoben wird, ist es Haris Schritt (harivikrama).

Wenn sie ihre Fußsohlen in seine beiden Hände legt, während er sich zurücklehnt und sich gegen die Wand stützt, ist es die Zwei-Sohlen-Stellung (dvitala).

Wenn sie auf seinen Händen sitzt, die Arme um seinen Nakken und die Beine um seine Taille gelegt, sich selbst bewegt, indem sie die Zehen eines Fußes gegen die Wand stemmt, sich an ihn wirft, ständig aufschreit und keucht, so ist das die Hänge-Stellung (avalambitaka).[39]

Bei den vyanata-Stellungen geht die Frau auf alle viere nieder wie ein Tier. Ihr Liebhaber dringt von hinten ein und legt seine Last auf sie wie ein stämmiger Bulle.

Wenn sie ihre Handflächen auf den Boden legt, ihren Kopf einzieht und sich langsam vorwärtsbewegt, nachdem er sie bestiegen hat, wobei er wie ein Bulle aufrecht bleibt, so nennt man es Kuh (dhenuka). Arabisch: el houri.

Bei der Elefantenstellung (aibha) hält er den Penis in der Hand und bespringt sie wie ein Elefantenbulle, während sie Gesicht und Brüste auf den Boden legt und ihren Hintern hochhebt.[40]

Es werden noch andere Arten der Vereinigung beschrieben, die den Hund, die Gazelle und das Kamel nachahmen.[41]

Mehrfacher Verkehr
Wenn ein Mann gleichzeitig mit zwei Frauen verbunden ist, deren Schenkel in entgegengesetzter Richtung liegen, oder wenn ein leidenschaftliches Mädchen sich gleichzeitig zweier Liebhaber erfreut, so ist das mehrfacher Verkehr.

Es gibt noch eine Abart davon, wobei sich eine Frau mit vier Männern vergnügen kann[42], oder ein Mann mit vier Frauen. Das geschieht durch die Austeilung von Fingernagel- und Zahnmalen, und durch Geschlechtsberührung, wobei Hände, Füße, Mund und Linga gleichzeitig gebraucht werden.

Das sind die Regeln für die Ausübung der Bild-Stellungen.

Einige Bücher[43] haben den verschiedenen Arten, den Penis in der Vagina zu bewegen (butternd, pressend, Keiler-Stoß und so weiter), besondere Namen gegeben, aber ich habe sie als nutzlos weggelassen. Das Pressen, Stoßen oder Reiben der Scheide kann auf drei Arten herbeigeführt werden – von oben, zentral oder von unten. Wenn sich die »Herrin-mit-dem-Hintern« als unersättlich erweist, möge der Liebhaber einen Lingam in die Hand nehmen.[44]

Die Anzeichen der Befriedigung bei einer Frau
Wenn das Mädchen die Augen zu schließen beginnt, sollte sie der Liebhaber fester umfassen. Erschlaffung, Augenschließen und Ohnmacht sind die Zeichen der Beglückung.[45] Sie wird wiederholt ihre Scheide bewegen, den Laut sit von sich geben, alle Scham verlieren und außer sich vor Liebe sein. An diesem Punkt ist ihr Empfinden am stärksten.

Die Zeichen der Unbefriedigtheit dagegen sind diese: sie schlägt mit den Armen um sich, stößt, will den Mann nicht loslassen und wirft sich plötzlich über ihn.

Umgekehrte (männliche) Stellung (Purusayita)
Wenn sie eine Laune erfaßt, oder wenn ihr Liebhaber ermattet ist, kann die Frau den Geschlechtsverkehr nach männlicher Art ausüben. Sie übernimmt die Rolle des Mannes, entweder vom Beginn des Coitus an oder nachdem er in sie eingedrungen ist.[46]

Wenn sie auf ihm reitet, ihre Beine krümmt und eine drehende Bewegung macht, ist es bhramara[47] (das Rad). Bewegt sie sich von Seite zu Seite, ist es prenkholita (die Schaukel) aus prenkha und ulita. Sie stößt[48] ihn und ruft sit. Sie lacht und sagt keck: »Nun, du Feigling, jetzt habe ich dich untergekriegt, und ich bin es, die dich schmachten läßt. Verstecke dich nur, habe ich nicht deinen Stolz beschämt?« Indem sie ihn ständig stößt, wobei ihre Armbänder klingeln, das Haar bis auf ihre Lippen fällt und ihre Schenkel sich ekstatisch vor- und zurückbewegen, hört sie erst bei Erreichen der Klimax auf. Wenn der Mann sieht, daß sie matt wird, dreht er sie um und macht ein Ende in der »Schachtel-Stellung« (samputa). Wenn sie noch nicht befriedigt ist, sollte er angulirata ausführen, Fingerspiel. Eine Frau, die gerade ihre monatliche Periode[40] hinter sich hat oder vor kurzem ihr erstes Kind geboren hat, sollte die viparita (purusayita)-Stellung nicht benutzen, und es heißt auch, daß eine schwangere Frau, eine harini (mrgi) und eine, die fett oder sehr schlank ist, auch ein junges Mädchen, sie vermeiden sollten.

10

Über Liebesschläge und Liebesschreie
(Prahanana und Sitkrta)

Die Austeilung von Schlägen (Prahanana)
Es ist gesagt worden, daß »Liebe eine Balgerei ist, bei der beide Partner blind vor Leidenschaft sind«. Es ist also nicht verwunderlich, daß die Austeilung von Schlägen dabei eine Rolle spielt, ebenso das Ausstoßen von Schreien.

Liebesschläge (prahanana) gibt man mit der flachen Hand, dem Handrücken, der geballten Hand oder der ganzen ausgebreiteten Hand, und zwar auf den Rücken, die Seiten, die Gegend der Pubis, zwischen die Brüste und auf den Kopf, denn das sind die Stationen der Liebe.

Liebesschreie (Sitkrta)[50]
Der Laut Him, wie ein Donnerklang, die Laute sut, dut, phut, Keuchen, Stöhnen und Schreie wie »halt!«, »fester!«, »weiter!«, »bring mich nicht um!« und »nein!« werden mit dem allgemeinen Namen sitkrta belegt. Kleine Scheie, die dem Ruf des Reihers, der Taube, des indischen Kuckucks[51], hamsa und des Pfaues ähneln, können durch Liebesschläge hervorgerufen werden, aber die Experten der fleischlichen Paarung schreiben, daß sie auch bei anderer Gelegenheit zu hören sind.[52] Him stellt ein plötzliches Ausstoßen des Atems aus Nase und Kehle dar. Der donnernde (schaudernde) Laut entsteht auf dieselbe Art und gleicht dem Zusammenstoß von Sturmwolken. Der Laut dut ist wie das Knacken eines hohlen Stengels, der Laut phut hört sich an, wie wenn eine Beere in einen Wassereimer fällt.

Die Anwendung der Liebesschläge und Liebesschreie
Gemäß der Lehre erweckt der Schlag mit dem Handrücken zwischen die Brüste das Stöhnen; der Rücken sollte mit den Knöcheln geschlagen werden und der Kopf mit der in der Form eines Kobrakopfes gekrümmten Hand, während Schläge auf die Seiten und die Genitalien mit der flachen Hand gegeben werden.[53] »Die Schere« und andere Arten von Schlägen, die im Süden gebräuchlich sind, werden von den Meistern verworfen.[54]

Wenn das Mädchen auf dem Knie des Liebhabers sitzt, sollte er sie mit seiner Faust auf den Rücken schlagen. Sie wird sich wütend stellen und Vergeltung üben, kreischen, keuchen und trunken vor Liebe werden. Gegen das Ende des Coitus wird er ganz leicht, aber ständig auf das Herz des Mädchens schlagen, während sie noch von ihm durchdrungen ist, und bei jedem Schlag wird sie den Ruf sit von sich geben. Wenn sie mit ihm rauft, wird er mit der gebogenen Hand auf ihren Kopf schlagen, und als Entgegnung wird sie die Laute kat und phut äußern, keuchen oder stöhnen. Kurz vor dem Orgasmus wird er ihr in rascher Folge Schläge mit der flachen Hand auf die Geschlechtsteile und ihre Seiten geben. Wenn die Leidenschaft der »Herrin-mit-dem-Hintern« schwindet, wird sie Schreie ausstoßen wie die der Wachtel oder des hamsa. Nach ihrer Klimax kann sie wieder kreischen oder keuchen. Auch zu anderen Zeiten wird eine Frau Liebesschreie ausstoßen, die sie unendlich begehrenwert machen, ohne Schmerz vom Geschlechtsakt zu spüren oder seiner überdrüssig zu sein.

Leidenschaft und Grobheit bei der Paarung, verbunden mit Zärtlichkeit, machen gewöhnlich den Mann attraktiv, aber je nach örtlichen oder sonstigen Bräuchen kann ein kurzes Vertauschen der Rollen aus Leidenschaft wonnig sein. Wenn ein feuriges Roß in vollen Galopp geraten ist, achtet es auf keine Hindernisse. Genauso achten zwei Liebende im Liebesstreit nicht auf Schläge, Stöße und selbst den Tod. Aber es ist die

Pflicht des Mannes, den Geschmack der Frauen zu berücksichtigen und je nach den Wünschen seiner Geliebten forsch oder zart zu sein.[55]

Mundverkehr
Der Weise (Vatsyayana) hat dieses Thema ausführlich behandelt. Wer wollte also so kühn sein, seinem Text noch etwas anzufügen?

11

Brautwerbung
(Kanyavisrambhanam)

Brautwahl

Achtbare Männer, die dem dreifachen Ziel des Lebens folgen, sollten, so sagen die Shastras, eine Frau ihres eigenen Gesellschaftsstandes heiraten, die noch nicht verlobt gewesen ist. Ehrenwerte Personen werden stets Heirat, Verbindung, Spiel, Freundschaft und dergleichen mit Leuten höherer oder niedrigerer Positionen vermeiden.

Die Regeln für die Werbung sind folgende: die ideale Braut, die allen anderen vorzuziehen ist, ist jene, deren Haut wie ein Lotusblütenblatt oder gelblich wie Gold ist, zart gerötet an den Händen, Füßen, Nägeln und Augen – die gut geformte Füße hat, wenig ißt, wenig schläft und an den Händen die Zeichen von Lotus, Krug und Diskus (Attribute Vishnus) hat. Sie darf nicht rothaarig sein, keinen Hängebauch oder hängende Lippen haben.

Schlaue Männer, die die Regeln kennen, werden ein Mädchen vermeiden, das sie weinend oder gähnend oder schlafend außerhalb des Hauses finden. Ein Mädchen, das nach einem Berg, Baum, Fluß oder Vogel benannt ist, eines, das zu groß oder zu klein, krumm oder knochig ist, eine Hängelippe hat, hohle oder rote Augen, Hände und Füße, die sich rauh anfühlen, eine, die seufzt, lacht oder schreit bei der Mahlzeit, die eingesunkene Brustwarzen, einen Bart oder ungleiche Brüste hat, die zwergenhaft ist, Klappohren hat wie schwingende Fächer, schlechte Zähne, rauhe Stimme, spindeldürre Beine, oder überhaupt dürr ist, eine, die gern mit männlichen Schmarotzern geht, die Haare auf den Händen, an den Seiten, der Brust, dem Rücken, den Beinen oder der Oberlippe hat, eine, bei der der Boden wackelt, wenn sie geht, oder die eine Falte an den Backen bekommt, wenn sie lacht, eine, deren große Zehe zu klein im Verhältnis zu den anderen Zehen ist, deren Mittelzehe die große Zehe berührt oder deren beide kleinsten Zehen nicht den Boden berühren – alle diese sollen nicht als Braut ausgewählt werden.

Vor der Hochzeitsnacht
Der Bräutigam sollte sich der Braut in der Hochzeitsnacht nicht nähern, sonst fühlt sie sich während der nächsten drei Nächte gelangweilt, wenn sie Wache halten muß. Drei Tage übt er Enthaltsamkeit und versucht nichts Vermessenes, bis er ihr Herz gewonnen hat. Frauenleiber sind so zart wie Blumen. Sie wollen nicht von Leuten umarmt werden, zu denen sie noch keine intime Beziehung haben. Der Freier wird zuerst der Braut seine Liebe durch die Dienste ihrer Freundinnen zeigen und langsam um ihr Vertrauen werben. Wenn sie Jungfrau und nie mit ihm allein gewesen ist, sollte er, so sagen die Regeln, in völliger Dunkelheit vorgehen. Wenn das Mädchen es sich bei ihm bequem gemacht hat, wird er sie ganz kurz umarmen, nur mit seinem Oberkörper. Er wird Betel von seinem Mund in ihren gleiten lassen, ihr sagen, daß er sie liebt, gütig mit ihr reden, neben ihr knien und andere ähnliche Maßnahmen ergreifen, um ihr zu gefallen. Dann kann er ihr einen reinen zarten Kuß geben und zärtlich mit ihr spielen. Wie unabsichtlich stellt er ein paar einfache Fragen, und wenn sie nicht antwortet, fragt er: »Gefalle ich dir, Liebling?« Sie wird ihren Kopf bewegen und nicht mit Worten antworten. Da ihr Zutrauen allmählich wächst, wird sie ihr Gesicht verbergen und lächeln, während ihr die Brautjungfer ins Ohr flüstert, was der Bräutigam ihr vertraulich gesagt hat. »Er hat das und das gesagt, und das hat er über die Freude geäußert, die er an dir hat…« So wird sie reden und dabei eine Menge Lügen erfinden. Wenn die Brautjungfer ein Schelm ist und ihre Rolle übertreibt, sollte der Bräutigam scherzhaft und nicht allzu betont sagen: »Ich habe

nie von so etwas gesprochen!« Wenn die Braut dann Vertrauen gewonnen hat, wird sie um Betel oder Blumen bitten, und er wird sie ihr geben oder in den Schoß legen. Dann sollte er die Knospen ihrer Brustwarzen mit den Fingerspitzen berühren, seine Hand bis zu ihrer Pubis hinabgleiten lassen und sie wieder fortnehmen. Wenn sie ihn daran hindert, nimmt er seine Hand weg und sagt: »Ich will es nicht wieder tun, wenn du deine Arme um mich schlingst.« Wenn er durch seine ganz sanfte Behandlung erreicht hat, daß sie sich auf seine Knie setzt, wird er sie maßlos erschrecken, indem er spricht: »Ich will dich beißen und dir dein hübsches Gesicht zerkratzen, dann werde ich mir über und über Liebesmale anbringen und sagen, du warst es, um dich vor all deinen Freundinnen zu beschämen.« Danach küßt er sie überall, und nachdem ihre Schamhaftigkeit durch Wiegen auf den Knien und Getändel überwunden ist, löst er ihren Gürtel. Nach Einführung seines Penis in der üblichen Weise vergnügt er sie, bis durch ein zartes Vorgehen die letzten dunklen Spuren der Furcht verflogen sind. Diesen Weg zu tiefer und dauerhafter Zuneigung junger Mädchen habe ich durch meine Studien des Kama Sutra gelernt, und ich beschreibe ihn dir.

Die Kunst der Eroberung
Nicht zuviel Willfährigkeit und nicht zu wenig – ein Mittelweg bringt bei Mädchen das beste Ergebnis. Ein Mann, der bei seiner Geliebten die weibliche Leidenschaft zu wecken und ihr Herz zu gewinnen weiß, den wird sie erwählen. Ein Mädchen, das von einem Mann hofiert wird, aus dem sie sich nichts macht, wird scheu, verängstigt und verstört sein und ihn künftig hassen. Wenn sie nicht dazu gebracht wird, wahre Liebe zu erleben, kann es dazu führen, daß sie in diesem Zustand der Verängstigung Männer überhaupt haßt, oder von diesen gehaßt wird. Dann wird sich ihr Freier einer anderen zuwenden.[56]

12

Über Ehefrauen
(Bharyadikarikam)

Von den fraulichen Pflichten[57]
Eine junge Frau sollte ihrem Gatten ganz und gar ergeben sein und ihn mit Wort, Herz und Leib wie einen Gott ehren. Unter seiner Anleitung sollte sie die häuslichen Pflichten erfüllen und die Wohnstätte tagaus, tagein sauber und freundlich halten.

Sie sollte ältere Verwandte, Freunde, Diener und den Bekanntenkreis ihres Gatten ohne Arroganz und Falschheit behandeln, einen jeden, wie es ihm gebührt. Sie sollte ein schlichtes weißes Kleid tragen, wenn sie sich erholt oder unterhält, zur Freude ihres Gatten aber für ihn ein rotes und kostbares.

Im Garten sollte sie Majoran pflanzen, drei Arten von Jasmin, Patschuli, Blumen und süß duftende Kräuter, auch Obstbäume, Rettiche, Kala, Kürbis, Akazie und so weiter.

Mit Huren, Zauberinnen, Bettelnonnen, Frauen, die Schauspielern oder Galanen nachlaufen, auch mit Verkäufern von Kräutern und Tränklein sollte sie nicht sprechen. Sie sollte jeden Tag ihrem Gatten die Mahlzeit bereiten, die er wünscht, denn sie weiß, was er gern mag und was für ihn gut ist.

Wenn sie die Stimme eines Besuchers hört, sollte sie bereit sein, ihn zu empfangen und ihm beide Füße zu waschen. Wenn ihr Gatte die Neigung besitzt, sein Vermögen zu verschwenden, sollte sie im stillen sparen. Sie sollte nur mit seiner Erlaubnis und in Begleitung ausgehen. Sie sollte nach ihm zu Bett gehen und vor ihm aufstehen. Sie sollte nie den Schlafenden verlassen, ihn auch bei der Andacht nie stören, sondern an seinen religiösen Übungen und Gelübden teilnehmen.

Sie wird nicht in Winkeln oder an der Tür herumlungern und auch nicht zanken. Sie wird einsame Gegenden und Hütten vermeiden und nicht unnötig mit Männern sprechen.

Bei ihren Einkäufen wird sie auf angemessene Preise achten und auf das, was die Jahreszeit bietet. Sie wird in passender Zahl und Qualität Geräte aus Holz, Lehm, Leder und Metall beschaffen. Sie wird einen Vorrat seltener Medikamente halten. Sie wird richtig Buch führen und ihre Ausgaben nach dem Einkommen richten.

Sie wird scharf überwachen den Verbrauch von Heu, Häcksel, Getreide, Holz, Holzkohle und Asche, auch die Beschäftigung der Diener, die Verteilung der Pflichten und das Ausbessern der abgetragenen Kleidung ihres Gatten, die sie säubern und den Dienern überlassen wird. Sie wird sich um die Pflege seines Eigentums kümmern, um Karren und Ochsen, um Affen, Kuckucks, Papageien, Mynahs, Kraniche und dergleichen.

Sie wird den älteren Verwandten ihres Gatten gehorchen, ihre Sprache im Zaum halten, wenn sie mit ihnen spricht, lautes Lachen vermeiden und sich bescheiden benehmen.

Sie wird eine zweite Ehefrau wie ihre Schwester behandeln, und die Kinder einer zweiten Frau wie ihre eigenen.

Bei Abwesenheit des Gatten
Wenn ihr Gatte fort ist, sollte sie nur ihren Glücksschmuck tragen (um zu zeigen, daß sie nicht Witwe ist) und nach den Vorschriften der Gurus und Brahmanen leben. Sie wird keusch in ihrem Bett liegen (upaguru sayanam), wenig ausgeben und ständig nach Neuigkeiten von ihrem Gatten fragen. Sie wird sich darum kümmern, daß Arbeiten, die er unbeendet hinterlassen hat, voranschreiten, und sie wird für sein Glück und seine Sicherheit beten und Opfer darbringen. Wenn sie Verwandte besucht, darf sie nicht allein gehen oder zu lange bleiben. Wenn ihr Gatte wohlbehalten zurückkommt, kann sie wieder einmal zu einem Fest gehen und ein Opfer darbringen.[58]

Über Polygamie
Wenn ein Mann mehr als eine Ehefrau hat, muß er gütig und taktvoll sein, ohne jedoch über schlechtes Benehmen hinwegzusehen. Er darf niemals über die Schwächen eines Weibes mit einer anderen Frau reden, auch nicht über ihre Intimitäten, oder gar ihre eifersüchtigen Bemerkungen wiederholen. Er wird sich nie in die Angelegenheit der Nebenfrauen einmischen. Wenn eine über die Fehler der anderen redet, wird er sie taktvoll tadeln. Er muß allen seinen Geliebten Vergnügen schenken, solange sie leben, dazu Spaziergänge im Park, Liebe, Fürsorge und Geschenke.

Beziehungen zu fremden Frauen
(Paradarikam)

Der letzte Abschnitt vervollständigt in Kürze das Thema Ehefrauen. Ich will mich nun mit der Verfolgung fremder Frauen befassen.[59] Sie ist der Feind des Lebens und des Ansehens und der Bundesgenosse der Gottlosigkeit. Man sollte sie nur unter dem Zwang der zehn Stationen der Liebe unternehmen, und nicht nur einem Impuls nachgeben.

Die zehn Stationen der Liebe aber sind: Liebe auf den ersten Blick, die dann in einem brütet, dann Pläne schmiedet, Schlaflosigkeit gibt, Gewichtsverlust, Unfähigkeit sich zu konzentrieren, Vernichtung des Schamgefühls, Raserei, Zusammenbruch und schließlich Tod. Wenn ein Mann spürt, daß er auf diese Bahn geraten ist, muß er einer fremden Frau folgen, um sein Leben zu retten. Immerhin kann man neue Ehefrauen, Güter und Land finden, neue Söhne zeugen und wieder zu Vermögen kommen, das Leben aber ist unersetzlich, und verlorene Gesundheit kann nicht wiedererlangt werden.

Verbotene Frauen

Verführung eines verlobten Mädchens oder der Tochter eines Brahmanen bringt dauernde Befleckung mit sich und eine Schuld wie die eines Mordes.

Der Frau eines Brahmanen soll man sich nicht nähern. Freilich ist sie nicht völlig ausgeschlossen, aber nur dann nicht, wenn sie bereits wenigstens fünf Männer gehabt hat. Das gilt nicht für die Ehefrauen von Weisen[60], Freunden, Verwandten und Herrschern. Eine von ihrer Kaste verstoßene Frau, eine Nonne, eine Invalidin, eine Frau, die in der Öffentlichkeit liebt, eine Wahnsinnige, eine Frau, die schlecht riecht, betagt ist oder unfähig, Intimitäten bei sich zu behalten, eine Rothaarige⁶¹, eine sehr Dunkle oder jemandes Mündel sollten normalerweise vermieden werden, für illegitime Affären aber halten die Ärzte sie für besonders unpassend.

Andere Fälle, bei denen es nötig sein kann, fremde Frauen zu suchen
1. »Ihr Gatte ist der Freund meines Feindes. Sie kann versuchen, einen Keil zwischen beide zu treiben.« Oder: »Wenn sie sich in mich verliebt, kann sie Einfluß auf meinen Feind gewinnen, der mich jetzt töten will.«
2. »Wenn ich zu ihr gehe, bin ich außer Gefahr.« Oder: »Sie ist nun eine Lebensbedingung für mich, so übel wie ich daran bin.« Oder: »Sie kennt alle meine Fehler und liebt mich dennoch – wenn ich sie aber fallenlasse, kann sie mich ruinieren, denn sie kann umhergehen und auf mich schimpfen: ›So einer ist er, dieser Liebhaber von mir!‹« Oder: »Wenn ich mit ihr Geschlechtsverkehr habe, werde ich ihr einen Freundschaftsdienst erweisen.«

Ein Mann sollte sich um eine Frau nicht aus bloßem Verlangen bemühen, sondern nur aus ernsthaften Gründen dieser Art, und wenn er merkt, daß er außer sich vor Liebe ist und nicht länger nach Vernunftsgründen fragen kann. Bevor man ein Verhältnis mit einer fremden Frau beginnt, sollte man ernsthaft den möglichen Verlust der Position, des Einkommens und bestehender Liebesverbindungen erwägen: es ist schwer, den Schritt der Liebe aufzuhalten, wenn sie erst in Bewegung geraten ist! Liebe zu einem Gegenstand, an dem man sich nur mit großen Kosten erfreuen kann, der schwer wieder loszuwerden und auf jeden Fall verboten ist, neigt ihrem Wesen nach dazu, unkontrollierbar zu werden und zu diesem oder jenem Unheil zu führen.

Liebe und Lieben bei Mann und Frau
Eine Frau verliebt sich, wenn sie einen hübschen Mann sieht, ebenso ein Mann, wenn er eine hübsche Frau sieht. Aber zwischen beiden besteht der wichtige Unterschied, daß die Frau, wenn sie einmal verliebt ist, ohne Rücksicht auf die Konvention liebt. Sie wird sich nicht sofort einem Freier geben, aber wenn sie sich hingibt, dann mit ihrem ganzen Sein – ein Mann hingegen berücksichtigt bei seinen Liebesaffären Ethik, Zeit, Ort usw., kurz, ob er darauf eingehen soll oder nicht. Er ist mißtrauisch, wenn eine Frau leicht zu bekommen ist, liebt jene, die schwer zu erlangen ist, und ist sogar willens, ihretwegen vergeblich Schmerzen zu leiden. Soviel über den Unterschied zwischen Mann und Frau.

Gründe, die eine Frau hemmen können
Ich will nun näher auf einige Überlegungen eingehen, durch die eine Frau der Verführung widerstehen kann. Durch Liebe zu ihrem Gatten, Liebe zu ihren Kindern, Furcht vor den Folgen, in ein paar Fällen aus moralischen Skrupeln, wegen ständiger Anwesenheit ihres Gatten, weil sie die Erkenntnis ihrer Verfehlung nicht ertragen könnte, weil sie momentan einen anderen hat, obwohl sie möchte, daß der Freier sich tief in sie verliebe, weil sie nicht will, daß er ihretwegen zu leiden hat, aus übermäßiger Hochachtung vor ihm, auch Verachtung, weil er ihre Avancen nicht merkt, weil er ältlich ist, gesellschaftlich unter ihr steht, mit Schläue leicht abzuspeisen ist, keinen Sinn für Zeit und Ort hat, Niedergeschlagenheit bei dem Gedanken, daß er wahrscheinlich ähnliche Avancen allen Freundinnen macht oder daß er ihr Herz nicht kennt, aus Angst, wenn er in der Öffentlichkeit steht oder notorisch wankelmütig ist, oder aus Furcht davor, daß ihre Verwandten dahinterkommen und sie tadeln könnten.

Das sind die üblicherweise zitierten Gründe dafür, daß eine Frau sich gehemmt fühlt, selbst wenn sie verliebt ist.

Gegenmaßnahmen
Die ersten fünf der oben erwähnten Skrupel können am besten dadurch beschwichtigt werden, daß man das Verlangen steigert. Die Gruppe der Einwendungen, die beginnen mit »Ich könnte es nie ertragen...«, kann dadurch zerstreut werden, daß man der Frau einen dem Fall angemessenen Ausweg zeigt. Nach der Lehre der Meister kann der übermäßigen Hochschätzung durch Vertraulichkeit, der Verachtung durch Verbreiten eines guten Rufes als zärtlicher Liebhaber und Könner der sexuellen Kunst, der Depression durch höfliche Aufmerksamkeit und der Ängstlichkeit dadurch begegnet werden, daß man Vertrauen in ihr weckt.

Über erfolgreiche Verführer
Helden, Männer, die etwas zu erzählen haben, erfahrene Liebhaber, der Herzliche, Männer, die etwas in der Öffentlichkeit darstellen, der Robuste, der Mann mit Kultur, der junge, gut aussehende Mann, Spielgefährten der Kindheit, Partner bei Tanz und Spiel, Erfahrene im Erzählen von Geschichten und in den Künsten, jene, die früher als Vermittler gehandelt haben, einer, der die intimen Schwächen einer Frau kennt, selbst wenn er keinerlei Qualitäten besitzt, die ihn empfehlen können, einer, der sie mit einer Freundin versöhnt hat, einer, der vorher eine Frau mit Qualitäten besessen hat, einer, der liebenswert ist oder aus guter Familie, ein Schwager[62], ein beliebter Diener, ein gleichgesinnter Nachbar, der Gatte einer Stiefschwester, einer, der verschwenderisch und großzügig ist, ein Liebhaber des Theaters, ein Mann, der als Typ »Ochse« bekannt ist, ein Mann, der sich aus guten Gründen von seiner Frau scheiden ließ, ein Mann, dessen Kleidung und Lebensstil großartig und teuer aussehen. Das also sind die erfolgreichsten Verführer.

Die Verführbaren
Eine Frau, die immer an der Tür steht, eine, die dich von der Seite ansieht, wenn du sie anblickst, eine, die verlassen worden ist und ihr Vergnügen verloren hat, eine Kinderlose, die deswegen verachtet wird, eine Schamlose, eine Verschmähte oder eine, die Geselligkeit liebt, eine, deren Kinder gestorben sind, die verlassen worden ist wegen Unfruchtbarkeit oder von Nebenfrauen ungerechterweise geringschätzig behandelt wird, eine junge Witwe, eine Frau mit zu vielen Vergnügungen, eine Frau, die arm ist, eine achtbare Frau, die unter ihrem Stand geheiratet hat, eine Gebildete, die ihren Gatten verachtet, eine Tochter, die als älteste viele Schwäger besitzt, eine Frau, deren Gatte auf Reisen ist und die bei Verwandten im Haus hilft, eine, die ständig Verwandte besucht, eine, die Gesellschaft liebt und einen eifersüchtigen Gatten hat, eine, die keine Söhne und nur Töchter hat, eine hübsche Frau, der man aus irgendeinem Grund Unrecht getan hat, eine junge Frau, die gerügt wird, eine Frau mit liebevollem Wesen, die Frau eines bummelnden Unterhalters, eines Krüppels, Zwerges oder Stinkigen, eines Tölpels oder Invaliden, oder eine Frau, die mit einem Feigling, einem alten Mann, einem impotenten Mann oder Verschwender verheiratet ist – bei allen diesen Frauen kann man es versuchen.

Sonstige Beobachtungen
Eine Frau, deren zweite Zehe des linken Fußes länger als die große Zehe oder kürzer als die Mittelzehe ist, oder deren kleine Zehen nicht den Boden oder die Nachbarzehe berühren, eine, die schielt, goldgelbe Augen hat und grundlos lächelt – eine solche nennen die Handleser pumscali: sie, die den Männern nachläuft.

Ein Mann hat bei Frauen Erfolg, wenn er ihren Typ studiert, mit ihren Eigenarten vertraut ist und ihre Skrupel beschwichtigen kann. Begierde entspringt der natürlichen Veranlagung.

Durch Erfahrung bestärkt und durch Wissen stimuliert wird sie unwiderstehlich und unstillbar.

Über Kontaktaufnahme
Frauen, die von Anfang an frei sprechen und offen ihre Einwilligung zeigen, kann persönlich der Hof gemacht werden. Frauen, bei denen das Gegenteil zutrifft, sollte man sich durch Vermittler nähern.

Bei der persönlichen Annäherung sollte man damit beginnen, daß man die Freundschaft der Frau erlangt, ohne andere Absichten zu verraten.

Zunächst benutze deinen Blick als Vermittler und Liebesbrief und schicke ihn oft in ihrer Richtung. Streiche immer wieder über dein Haar, poche mit den Fingernägeln auf, raßle mit deinem Schmuck, presse die Lippen aufeinander.

Wenn du auf dem Knie eines Kameraden sitzt, gähne, reibe deine Glieder, stottere und zucke mit einer Augenbraue.

Manche Bemerkungen, namentlich über Dinge, die sich auch auf sie beziehen könnten. Lausche aufmerksam auf ihre Worte und drücke dein Verlangen durch Andeutungen aus.

Umarme einen Freund oder ein Kind besonders herzlich. Suche die Kinder auf ihrem Schoß zu streicheln und dabei ihren Körper zu berühren. Gib den Kindern Spielzeug, und wenn du so mit ihrer Mutter Kontakt aufgenommen hast, knüpfe eine Bekanntschaft an.

Besuche sie unerwartet, so daß die Leute in ihrem Haus dich kennen und lieben lernen. Erzähle ihr zweideutige und bezeichnende Liebesgeschichten, auf die sie wahrscheinlich arglos lauschen wird.

Nachdem du so ihre Liebe angeregt hast, gib ihr ein klares Zeichen. Nimm bei diesem häufigen, wenn nicht gar täglichen intimen Beisammensein die Gelegenheit wahr, einen Arm um sie zu schlingen.

Bringe sie in ein intimes Verhältnis mit deiner eigenen Frau.

Wenn sie etwas zu kaufen oder verkaufen hat, hilf ihr dabei. Wirf Staub in die Augen der anderen Seite und errichte so eine Verbindlichkeit zwischen euch.

Diskutiere mit ihr oder mit ihren Leuten über eine historische Frage oder Tatsache, gehe eine Wette ein und lasse sie nach dem Resultat fragen.

Wenn du auf diese Weise ihre Freundschaft gewonnen hast, achte auf ein Zeichen, das sie dir gibt. Erhältst du eines, so kannst du daraus schließen, daß sie ihre Skrupel für eine Weile verabschiedet hat.

Zeichen der Annäherung
Eine verliebte Frau sieht dir nicht gerade ins Auge, sondern wird nach kurzer Zeit verwirrt und schaut weg. Sie richtet es unter den verschiedensten Vorwänden so ein, daß sie dich einen Augenblick lang ihren Körper sehen läßt. Sie zeichnet mit ihren Zehen auf dem Boden. Sie blickt dich heimlich an und lächelt – entweder ab und zu oder ständig. Wenn sie ein Kind auf den Knien hält, küßt sie es und spricht mit ihm auffallend zärtlich. Fragt man sie etwas, schlägt sie den Blick nieder, sagt irgend etwas Unpassendes und Wirres und lächelt. Mit dem einen oder anderen Vorwand lungert sie dort herum, wo ihr Mann ist, spricht laut in der Hoffnung, daß er sie beachten wird. Wenn sie merkt, daß er sie ansieht, beginnt sie zum Schein eine lebhafte Unterhaltung. Wenn er erscheint, lächelt sie ihm entgegen. Sie sitzt auf dem Schoß einer Freundin und macht allerlei Späße. Sie knüpft Bekanntschaften mit ihren Dienern an, spielt und plaudert mit ihnen, und fragt sie dann nach Neuigkeiten über *ihn* aus. Sie vertraut sich ihren Freundinnen an und spricht mit ihnen über Liebe. Sie läßt sich vor ihm nicht ohne Schmuck sehen, und wenn eine Freundin sie bittet, ihr eine Girlande zu machen, so übergibt sie ihr diese wie widerstrebend. Sie seufzt, blickt zur Seite, schlägt mit der Hand auf ihre Brüste, redet wie erstickend, klopft mit den Fingern

auf, sagt zweideutige Dinge und ist dann verlegen, gähnt und schlägt nach dem Mann, den sie liebt, mit Blumen. Sie zeichnet für ihre Freundinnen besonders feine Augenbrauen, berührt ihre Hüften, öffnet weit ihre Augen, besucht mit einem Vorwand nach dem anderen das Haus des Mannes, schwitzt an Händen und Füßen und wischt ihre Brauen mit dem Arm ab. »Wie viele Mädchen hat er? Wie viele Schönheiten? Welche von ihnen liebt er am meisten?« so fragt sie ihre Vertrauten insgeheim mit tiefem Interesse.

Über die letzten Stufen der Verführung
Wenn sie dir ein Zeichen gegeben hat, kannst du sogleich zu der Berührungs-Umarmung übergehen (sprstaka) und in der geschilderten Reihenfolge zu den anderen.

Wenn ihr zusammen badet, berühre heimlich ihre Brüste und ihren Hintern. Gib vor, du seiest krank. Wenn sie fragen kommt, wie es dir geht, fasse ihre Hand und bitte sie, sanft über Augenbrauen und Lider zu streichen, und sage ihr zart, aber zweideutig[63]: »Stille meine Pein, Liebste! Denk daran, daß du ihre Ursache bist. Bei all deinen Gaben wirst du, o Schlanke, es doch bestimmt nicht ablehnen?« Dann bitte sie um einen Gefallen, etwa um den, Kräuter für deine Medizin zu zerstoßen.

Wenn ihr euch gegenseitig Betel, Blumen und so weiter gebt, berühre sie leicht mit deinen Nägeln. Reiche ihr Blätter, die bezeichnende Abdrücke von Fingernägeln und Zähnen tragen.

Bringe sie schließlich an einen intimen Ort und dort erfreue dich ganz allmählich der leidenschaftlichen Umarmungen und des Restes, und du wirst dem Lehrmeister der Liebeskunst die wiederholten Trankopfer darbringen, die deine langgehegten Wünsche aufgespart haben.

Frauen sind am geneigtesten zur Liebe und am leichtesten zu erobern bei Nacht und im Stockdunkeln. Nähert sich ihnen unter diesen Bedingungen ein Mann, so können sie schwerlich nein sagen. Noch eines, vermeide zur Verführung einen Ort, der von einer alten Dame bewohnt wird, die zu ihrer Zeit die fleischliche Vereinigung genossen hat, denn wo eine Person erfolgreich umworben worden ist, bringt es kein Glück, um eine andere zu freien.[64]

Meinungserforschung (Bhavapariksa)
Bei der Bemühung um eine Frau mußt du sorgfältig ihre Einstellung erproben, um zu sehen, ob sie reagiert oder nicht. Wenn nicht, so wird es nach den Lehren nötig sein, sie durch einen Vermittler zu erweichen. Wenn sie zwar reagiert, aber noch mit sich uneins ist, wird sie doch allmählich einlenken. Wenn sie deine Avancen nicht öffentlich annimmt, jedoch auffallend an einsamen Stellen herumlungert, dabei ihren Schmuck trägt, so will sie mit Gewalt genommen werden. Wenn sie ein Stelldichein annimmt und sich den Hof machen läßt, ist sie verliebt und kann mit ihrem eigenen Willen genommen werden. Wenn sie vor deinen Annäherungen zurückschreckt, weil sie für ihre eigene und nicht für deine Sicherheit fürchtet, so kannst du sie durch große Zartheit gewinnen. Wenn sie spröde ist, jedoch ihre Liebe verrät, wird sie leicht zu gewinnen sein. Wenn sie bei der Einladung zur Liebe eine klare Antwort gibt, ist sie bereits erobert, und wenn sie gar selbst die Annäherung unternimmt, war sie schon erobert, bevor du begonnen hattest.

Ich habe hier die einzelnen Regeln angegeben, die bei Frauen mit standhafter und nicht bei allzu kecker oder herausfordernder Veranlagung anzuwenden sind. Ich habe auch klargelegt, wie man vorgehen kann, wenn eine Frau gewonnen worden ist.

Über Vermittlerinnen (Dutikarma)
Ich will nun kurz die Verwendung von Vermittlerinnen behandeln. Einer solchen schenkt die Frau Gehör wegen ihres guten Charakters, wegen ihres Angebotes magischer Rezepte, als

Geschichtenerzählerin und so weiter. Sie macht die Frau mit Glückszauber und Schönheitssprüchen aus der Veda bekannt, mit Heilkräutern, Dichtung und neuen Pfaden der Liebe. Wenn sie ihr Vertrauen gewonnen hat, wird die Vermittlerin zu ihr sagen: »Weißt du, meine Liebe, mit deinem Aussehen, deinem Geschick, deiner Intelligenz und deinem Charakter verschwendest du dich bei einem Gatten, wie deiner es ist. Oh, wie hat doch das Schicksal deine junge Schönheit betrogen, die so gar nichts mit Vulgärem oder Billigem zu schaffen hat. Dieser eifersüchtige, undankbare, blutlose, doppelzüngige Ehemann von dir taugt nicht einmal als dein Lakai. Eine himmelschreiende Schande!«

Indem sie ihn ständig auf diese Weise beschimpft, wird sie in die Frau den Keim der Abneigung gegen ihren Ehemann senken. Jeder seiner Fehler wird in den Augen der Frau automatisch vergrößert.

Bei nächster Gelegenheit wird dann die Vermittlerin die guten Eigenschaften des Freiers übertreiben. Wenn sie das Interesse geweckt hat, wird sie sagen: »Höre, meine Liebe, ich glaube, es muß einmal gesagt werden. Dieser arme, reizende junge Kerl ist krank. Man bangt um sein Leben. Seit du ihn angeschaut hast, härmt er sich ab. Du könntest ebensogut eine Schlange gewesen sein und ihn gebissen haben. Er seufzt, schwitzt, verfällt offensichtlich – er hat noch nie großen Kummer aushalten können. Er sagt, wie die Götter Nektar vom Mond trinken, so muß er ihn von deiner Schönheit trinken, oder er wird sterben. Meine Liebe, noch nie, nicht einmal im Traum, hat er sich so schlecht gefühlt!« Wenn das die Dame nicht zu stören scheint, wird sie ihr beim nächsten Besuch Geschichten von Ahalya (der Frau Gautamas, verführt vom Gott Indra) und anderen erzählen, dann von Frauen, die den Geschichten nach durch ihre Liebhaber wertvoller geworden waren. Auf diese Weise wird sie allmählich die Lage klären.

Von da an scherzt deine Dame mit der Vermittlerin, wenn sie

sie sieht, läßt sie neben sich Platz nehmen, fragt sie, ob sie schon gegessen und wie sie geschlafen hat, forscht sie nach Neuigkeiten aus und behandelt sie als Vertraute. Sie seufzt, gähnt, gibt ihr Geld, fragt, wenn die Vermittlerin sich erhebt, um zu gehen: »Wann kommst du wieder?« Sie findet Geschmack an ihren Geschichten, sagt aber: »Wie kannst du nur so skandalöse Sachen erzählen, wo doch deine Unterhaltung so anständig ist? Ich würde nicht tun, was du sagst. Ich denke, der Bursche ist ein Schelm, und verstellt sich.« Sie lacht über seine Krankheit und verspottet ihn immer mehr. Wenn es erst soweit ist, hat die Vermittlerin ihre Absicht erreicht, der Werber sollte ihr eine Belohnung geben.

Die Vermittlerin wird nun die Dame mit Geschenken von Betel, Blumen, Parfüm versorgen. Wenn sie sie so richtig verliebt gemacht hat, wird sie es einrichten, daß das Paar sich zufällig trifft, indem es ein Familienunglück, eine Hochzeit oder ein Fest dazu benützt. Oder auch in einem Park, bei einem Trinkgelage, einer Prozession, beim Baden, bei einer Feuersbrunst oder einem sonstigen Unglück, oder sogar im Haus der Vermittlerin.

Verschiedenartige Vermittlerinnen (Duti)
Eine Vermittlerin, die ihres Auftraggebers Absicht begreift, nimmt die ganze Affäre in die Händ und führt sie bis zum Ende durch als nisrstartha (chargée d'affaires).

Eine Vermittlerin, die die Angelegenheit nur bis zur Erlangung einer Antwort betreut, sie aber nicht zu Ende führt, ist parimitartha (eine beschränkte Unterhändlerin).

Eine, die nur Botschaften zwischen Verliebten hin und her trägt, ist patrahari (Briefträgerin).

Eine, die scheinbar als Agentin eines Liebhabers tätig ist, tatsächlich aber ein Geschäft auf eigene Rechnung betreibt und eigene Pläne verfolgt, wird genannt svayamduti (eine privat Tätige).[65] Sie kann sich harmlos stellen, das Vertrauen der Frau eines Mannes gewinnen, um von ihr alle Geheimnisse ihres Mannes zu erfahren und ihn selber zu verführen. Das ist eine »naive« (mugdha) duti.[66]

Ein Liebhaber kann seine Frau als unwissentliche Vermittlerin benutzen, wenn er sie bei seiner Herrin einführt, wohl wissend, daß sie mit seiner sexuellen Geschicklichkeit prahlen wird. Eine derartige Ehefrau-Vermittlerin wird genannt bharyaduti.

Man kann ein junges Mädchen oder eine Nonne schicken, die von der Sache keine Ahnung haben, und sie einen Liebesbrief in einer Girlande oder einem Ohrschmuck einschmuggeln lassen. Ein junges Mädchen, das ahnungslos in Schmuck versteckte Briefe oder Blätter mit Malen von Fingernägeln und Zähnen überbringt, wird eine »dumme« Vermittlerin (mukaduti) genannt.

Eine »dumme« Vermittlerin, die Botschaften mit einem Doppelsinn, vorher verabredeten Zeichen oder privaten, nicht allgemein verständlichen Anspielungen bringt, wird vataduti genannt. In diesem Fall kann die Dame eine Antwort ohne Furcht vor Entdeckung geben.

Zuverlässige Vermittlerinnen sind Sklavinnen, Freundinnen der Dame, junge Mädchen, Witwen, weise Frauen, Künstlerinnen, Girlandenverkäuferinnen, Parfümhändlerinnen, Frauen von Wäschern, Bettelnonnen, Trödlerinnen, Kindermädchen und Nachbarinnen. Männer von Welt benutzen auch Papageien und Mynahs, ebenso Bilder zum Zweck der Verführung.

Einige Liebhaber, die Sklavinnen für sich rekognoszieren ließen, bahnten sich tatsächlich einen Weg in den Harem anderer Männer. Diese Praxis bringt Verdammnis in dieser Welt wie in der nächsten, und ich will darüber schweigen.

14/15

Über Liebeszauber und Rezepte

Ich habe diese beiden Bücher des Ratirahasya aus folgenden Gründen nicht übersetzt: sie sind nur Anhänge zum Hauptwerk und unterscheiden sich von Manuskript zu Manuskript beträchtlich, sie sind auch in unserer Zeit von geringem Interesse, weil die Pflanzen usw., die in den Rezepten angegeben werden, indisch sind und ihre Identifizierung oft zweifelhaft ist. Diese Abschnitte sind also allgemein unverständlich.
Sie enthalten folgende Abschnitte:

Buch 14

Zaubersprüche
    Der Kamesvara Zauber
    Der Kundalini Zauber
    Die geheiligte Silbe Om
    Der Hrllekha Zauber
    Der siebensilbige Zauber
    Die Camunda Anrufungen

Andere magische Mittel
Von den letzteren können wir vielleicht eines zitieren. »Eine Frau wird sofort feucht, wenn sie mit einem Pulver bestreut wird, das aus zwei Zähnen eines Königs hergestellt ist, vermischt mit den pulverisierten Flügeln einer Biene und einem Blütenblatt, das der Wind einem Begräbniskranz entrissen hat.«

Buch 15

Medikamente
>Gegen fluor seminis
>Zur Steigerung der Potenz
>Für langsame Ejakulation

(»Man kann die Ejakulation verzögern, wenn man beim Verkehr fest auf die Wurzel des vas deferens drückt, an andere Dinge denkt und den Atem durch die Kumbha-Übung kontrolliert, ...oder indem man den Anus fest schließt und sich von Kopf bis Fuß mit der Silbe Om zeichnet und mit dem dunkelleibigen, auf einer Schildkröte thronenden Vishnu... auch dadurch, daß man an den Hintern einen Knochen von der rechten Seite einer schwarzen Katze bindet und saptac chadda-Samen auf die Lippen nimmt.«)

>Zur Vergrößerung des Penis
>Zur Besserung genitalischer Fehler (bei Frauen)
>Zur Zusammenziehung oder Weitung der Vagina
>Zur Enthaarung
>Für den Abortus
>Für die Empfängnis
>Zur Verhütung von Geburtsschäden
>Zur Erleichterung der Entbindung
>Zur Behebung der Geburtsschmerzen
>Zur Verschönerung des Bauches und der Brüste
>Zur Behebung schlechter Gerüche
>Kosmetische Mittel
>Zur Hebung und Festigung der Brüste
>Zaubermittel

(»Wenn ein Mann mit einer Frau Verkehr hat, nachdem er zuvor sein Glied mit dem Dung eingerieben hat, den ein valguli-Vogel auf seinen Arm fallen ließ, wird sie nie mit einem anderen Mann zu tun haben.«)

    Zur Herbeiführung von Impotenz
    Zur Erregung von Haß
    Mittel zur Verführung
    Zusätzliche Rezepte

In Lienhards Ausgabe gibt es eine vollständige Version dieser Medikamente mit einer Liste der lateinischen Namen von Pflanzen usw.

ANMERKUNGEN

Zur Einführung

1 Wegen eines Berichtes über die Kaula-Kapalika-Renaissance siehe H. Goetz (1958), P. Chandra (1955–56), E. Zannas und J. Auboyer (1960), R. van Gulik (1961) »Geschichte und Einfluß der chinesischen Sexualmystik auf die Tantra-Praxis«.
2 Siehe Krishna Deva (1959). Die Tradition der erotischen Tempelskulptur ist in Nepal noch lebendig, wo Darstellungen von Gruppen beim Coitus als Schmuck von Giebelfeldern dienen. In Indien sind sie noch allgemein an den Prozessionswagen der Götter zu finden, von denen der Konarak-Tempel mit seinen verzierten Rädern eine riesige Nachbildung ist.
3 maithunena mahayogi mama tulyo na samsayah: das ist nicht die orthodoxe Interpretation des Textes (Pandit, 1967) – aber der fragwürdige Tantriker wiederholt noch bei jedem Sakrament des rahasya puja, einschl. des rituellen Coitus, »Sivo'ham: Ich bin siva«.
4 H. Maspero (1937), R. van Gulik (1961).
5 Der Sinn dieses komplizierten Bhanda mag sein, daß es das Große Ritual erfordert: in der Lage mit dem Gesicht nach unten spielt es in den erotischen Brevieren der japanischen Sekte Tantrik Tachikawa eine Rolle (siehe Van Gulik, 1961).
6 Trotz einiger bizarrer Züge die beste europäische Abhandlung über Stellungen beim Coitus und die einzige, die indischem Geist nahekommt, ist die bereits zitierte von Weckerle (L. van Weck Erlen, Pseudonym J. Weckerle MD) 1907. Er war Heilgymnastiker mit dem Motto: »Abgemattet ward durch geschlechtliche Exzesse nur der ungeturnte Weichling«. Er empfiehlt, ein »Sexuarium« einzurichten, komplett mit Turnmatte und Barren. Eine Tendenz zum Lächerlichen wird ausgeglichen durch die Tatsache, daß dieses Buch, im Gegensatz zu den meisten erotischen Schriften, offensichtlich das Produkt persönlicher Praxis ist, und nicht wie das Ratirahasya der Tradition oder Phantasie seinen Ursprung verdankt. Ganz abgesehen von den Turnmatten sind seine Ratschläge vernünftig. Seine Klassifizierung und Wahl der Stellungen verrät

keinen direkten indischen Einfluß, und er zitiert auch keine indischen Werke. Die Konvergenz von teutonischer Gymnastik, indischem Yoga und chinesischem k'ung fu (medizinische Übungen) in ihren Beziehungen zum sexuellen Empfinden ist um so interessanter. Ich habe Weckerle als beziehungsreiche Quelle zu den in dieser Übersetzung erwähnten coitalen Stellungen benutzt.

7 C. S. Ford und F. A. Beach (1952).

8 Die Brhadaranyaka Upanishad – nach ihr ist der Coitus ein Sakrament, aber der Gatte darf sein Weib schlagen, wenn es ihn verweigert – ist gleichzeitig der grundlegende Text für den gesamten modernen Hindu-Feminismus, und zwar in der esoterischen Belehrung, die Yajnavalkya Frau Maitreyi erteilt. Diese Upanishad hat eine direkte Verbindung mit der Genealogie Vatsyayanas und den weltlichen erotischen Schriften. Der Bericht über das Sakrament des sexuellen Verkehrs wird mit einigen eugenischen Winken von Pravahana Jaibali von Pancala Uddalaka Aruni erteilt, der Antworten auf die Fragen seines wißbegierigen Sohnes Svetaketu sucht (Brhadaranyaka U.4,4). Uddalaka Aruni wird als ein Lehrer esoterischer Künste beschrieben. Bei Vatsyayana wird Auddalaki Svetaketu als Begründer der Erotologie genannt und »das Pancala-Land als Herkunftsort... und verbunden damit Babhravya, einer der ursprünglichen Lehrer«.

9 Wegen einer vollständigen Abhandlung über die rhetorische Psychologie Indiens und die verschiedenen rasas siehe Kannoomal (1920).

10 »Wenn eine achtbare Frau auf Liebespfaden wandelt, sorgt sie dafür, daß ihr Schmuck nicht klirrt, und verbirgt ihr Gesicht. Wenn eine Hure einen solchen Streifzug unternimmt, geht sie auffallend gekleidet, klimpert mit den Fußreifen und lächelt die Vorübergehenden an... Ein Feld, ein Garten, eine Tempelruine, das Haus der Vermittlerin, ein Gasthaus, eine Brandstätte, Wald oder Flußufer – das sind die acht Orte für ein Stelldichein, oder sonstwo im Dunkeln.« Sahityadarpana, 116–7.

11 Die Hindi-Übertragung betrachtet jede dieser slokas als eine unterschiedliche Technik der Annäherung. Ich habe sie als kurzen Bericht über die klassischen Zärtlichkeiten aufgefaßt (Male von Fingernägeln und Zähnen, Ziehen an den Haaren und erotische Schläge), mit dem Stichwort für jede bei einem einzigen Coitus.

12 Nach dem Avatar, in dem Vishnu die Dämonen erschlagen hatte, wo er immer gezeigt wird, wie er einen Feind ausweidet, der mit dem Gesicht nach oben auf seinen Knien liegt.

Zum Koka Shastra

1 Kama oder Kandarpa, der Liebesgott, erhielt von den anderen Göttern den Auftrag, seinen Pfeil auf Shiva abzufeuern, der sich von der Welt zurückgezogen hatte, um Meditation und Enthaltsamkeit zu üben. Sie wollten ihn wieder an weltlichen Dingen interessieren. Als ihn der Pfeil getroffen hatte, verliebte sich Shiva in seine eigene Emanation, Parvati, und so verband sich das Männliche Prinzip, Innewohnung (purusa), mit dem Weiblichen Prinzip, mit Tätigkeit und Manifestation (prakrti). Diese Vereinigung wird symbolisch von den maithuna-Gruppen gefeiert. Shivas erster Blick versengte den sichtbaren Leib von Kama, so daß er den Titel Ananga erlangte, Körperloser Gott. Dieser Mangel erklärt es, daß er von menschlichen Wesen Besitz ergreift, ohne sie davor zu warnen, daß er sich manifestieren will. Das besondere zyklopische Auge, das Shiva an der Stirn trägt, zusammen mit den Trivali, drei Falten am Nacken, sind die einzigen Spuren seines murti, des bildhaften Restes seines ursprünglichen phallischen Wesens, obwohl er den Namen Linga als normale Bezeichnung behält. Wenn Kama erst einen menschlichen Leib in Besitz genommen hat, kann er nur zum Schwinden gebracht werden durch einen Strahl aus Shivas Auge.

2 padmini = Lotus-Frau, sankhini = Muschel-Frau, hastini = Elefanten-Frau; citrini ist schwieriger wiederzugeben. Das deutsche Wort, das dem Begriff von citra am ehesten entspricht (mannigfaltig, bunt, besonders, wunderbar, wunderlich) ist »Phantasie«, also »phantastische Frau«, was natürlich eine unglückliche Bezeichnung ist. Eine andere Nuance von citra ist »künstlerisch«, wie ein Bild, citrasala = Bildergalerie. Lienhard nimmt citrarata, citramohana, gewöhnlich mit der Bedeutung »ausgefallene oder besondere Stellungen beim Geschlechtsverkehr« verstanden, als Bildstellungen gemäß den Darstellungen in der Tempelkunst an. Das ist höchst wahrscheinlich, da nur eine gewisse Gruppe von bhandas, keineswegs die kompliziertesten, dabei beschrieben werden. Der einzige Einwand dagegen ist der, daß die sthita oder Stellungen im Stehen, wie sie die erotischen Lehrbücher zitieren, nicht mit den charakteristischen Haltungen der erotischen Gruppen übereinstimmen, die populärsten davon sogar auslassen, wenigstens bei den drei Gruppen von Tempeln wie Khajuraho, Konarak und Bhuvaneshwar, die auf Photographien studiert werden kön-

nen. In einem späteren Kapitel über bandhas komme ich darauf zurück. – Vatsyayana weiß nichts von dieser (astrologischen) Einteilung in padmini usw. Seine eigene in mrgi, vadava usw. wird im dritten Kapitel wiedergegeben, wobei der Text dem Kama Sutra folgt.

3 »Einige sagen, ihre Brüste sind die Buckel an der Stirn von Kamas Elefanten, einige sagen, sie sind zwei goldene Wasserschalen, andere, sie sind zwei Lotusknospen auf dem Teich. Ich aber denke, daß der Liebesgott, als er die Drei Welten erobert hatte, seine beiden Trommeln verkehrt hinlegte!« (anonym – aus Srngaratilaka?)

4 »Wie eine kampaka (champa) Blüte« (Lienhard), eine süß-duftende Blüte in Gold- und Elfenbeinfarbe, die auf einem Baum wächst (Michelia champaka L.). In einigen Texten heißt es kanaka, Stramoniumblüte.

5 trivali – es stellt das höchste indische Schönheitszeichen und gleichzeitig ein Zeichen von Shiva dar.

6 Der spätere Autor einer Taschenbuch-Version, Jayadeva, (16. Jahrh.?) ist den letzten beiden Typen gegenüber ritterlicher und gibt für sie andere Beschreibungen: »Augen wie Lotus, kleine Nüstern, runde – etwas auseinanderstehende Brüste, feines Haar, schlanker Leib. Liebliche Stimme, herzliches Gemüt, musikalisch, immer schön gekleidet – das ist die padmini. Sie duftet nach Lotus. Erfahren in der Liebe, nicht allzu groß, nicht zu kurz, mit einer hübschen Nase wie eine Til-Blüte, einem schmucken Leib und Lotusaugen, mit harten Brüsten, die aneinanderstoßen, eine Schönheit. Sie ist von angenehmem Wesen und talentiert – so ist die citrini, aber sie ist launisch. (Citravakra: »wandelbar, flatterhaft« oder vielleicht »hübsch wie ein Bild«.)

Ein großes Mädchen mit schrägen Augen, eine bewundernswerte Schönheit, sich gern der Liebe widmend, talentiert und von gutem Wesen, mit einem Nacken, den drei Falten zieren – das ist eine sankhini, eine Meisterin des Liebesspiels.

Ein dralles Mädchen mit vollen Lippen, derbem Hintern, praller Scham, plumpen Fingern und vollen Brüsten, gutmütig, voll Liebesverlangen, stark, mit Vorliebe für heftigen Coitus – so ist eine karini (hastini), und sie ist schwer zu befriedigen.

Die padmini duftet wie Lotus, die citrini nach Fisch, die sankhini riecht sauer (ksara), die hastini nach Wein (oder nach Elefantentränen), die padmini empfindet Lust beim Streichen ihrer Brüste, wenn man ihre Unterlippe drückt, und beim Coitus in padmasana.

Die citrini empfindet Vergnügen bei dem Ruf ›sit‹, festen Küssen auf Nacken und Hände, und beim Anfassen ihrer Brüste. Die sankhini empfindet Lust, wenn Mann und Frau gegenseitig Scham und Penis küssen und danach durch leidenschaftlichen Coitus. Die hastini empfindet Lust, wenn man sie fest an ihrem Haarband packt und fest mit der Hand an ihrer Scham reibt. (Ratimanjari)«.

Nach der Theorie der Dispositionen (sattvas) ist padmini der Typ der Göttin, citrini der Typ apsaras, oder göttliche Nymphe, sankhini der Typ yaksi (Naturgeist) und hastini derraksasa oder Dämonin. Der ›Wein‹, nach dem die hastini riecht, ist mit ziemlicher Sicherheit kein Wein, sondern Elefantenmoschus, der übers Gesicht eines brunftigen Elefanten rinnt. ›Riecht wie ein erregter Elefant‹ hört sich in Deutsch nicht sehr schmückend an, aber ›Elefant‹ als Bezeichnung ist ein kavi-samaya (poetischer Ausdruck) und in der indischen Literatur keine Unhöflichkeit. Der Geruch der sankhini ist ›scharf‹ oder ›salzig‹ (ksara) bei einigen Autoritäten oder ›wie Milch‹ bei anderen (ksira).

7 Die beiden letzten Bücher des Anhangs zum Ratirahasya, die ich hier nicht übersetzt habe, enthalten weitere Beschreibungen der Typen, sind aber selbst für den eifrigsten Erforscher der Volksmedizin von geringem Interesse, denn dort, wo es sich nicht um rein magische Rezepte handelt, können die Bestandteile heute nicht mehr mit Sicherheit identifiziert werden. Die padmini läßt sich nach Kokkokas Meinung wohl nicht bezaubern, wenigstens gibt er keinen Zauberspruch an, durch den sie zu gewinnen ist.

8 Der Verkehr hat je nach dem Alter der Frau Wirkung auf den Mann: »Schlafe mit der bala und erhalte den Atem des Lebens. Schlafe mit der taruni und verbrauche den Atem des Lebens. Schlafe mit der praudha, und du beschleunigst das Altern. Schlafe mit der vrddha und beschleunige den Tod« (Ratimanjari).

9 Schmidts Übersetzung fährt fort: »... als Eigentümlichkeit jener kennt man folgendes usw.« Doch scheint das zum nächsten Abschnitt zu gehören und mit einem neuen Thema zu tun zu haben, mit den Neigungen zu Erfahrung und Unerfahrenheit. Jedenfalls steht der eingeklammerte Passus nicht an der richtigen Stelle.

10 Diese wie Thurber anmutende Liste erschöpft keineswegs die sattvas; wie bei den rasas, raginis und anderen Typologien machte es den Rhetorikern Spaß, sie unbegrenzt zu vervielfachen. Das Bharatiyanatyasastra gibt zweiundzwanzig sattvas an, Dispositionen, die vermutlich Rückstände aus der Vergangenheit reflektieren –

aus einer tierhaften oder sonstigen Verkörperung. Angewandt auf die Bekannten ergibt sich ein wunderbares Gesellschaftsspiel.

11 Kein Gewand drückt vollkommener die Gedanken seiner Trägerin aus als der Sari. Er kann wie Metall sein – oder er kann sich einfach auflösen. »Als er zu meinem Bett kam«, schreibt die Dichterin Vikatanitamba, »löste sich der Knoten meines Kleides von selbst, es fiel auf meine Hüften, gehalten von meinem Gürtel, bis auch er sich löste. Soweit erinnere ich mich genau – als er mich aber mit der Hand berührte, o Freund, ich will sterben, wenn ich mich noch erinnere – sei es an mich, an ihn, an das, was er mir tat!«

12 Der Sinn mag sein »aus gemeinsamer Tätigkeit« – z. B. wenn sich zwei Musikliebhaber verlieben; der ursprüngliche Sinn aber ist »Liebe zu einer Tätigkeit, Verlangen nach ihr, weil sie wiederholt Freude bereitet hat«.

13 Jeder Text bringt eine etwas andere Version dieses geographischen Lexikons. Zum Beispiel: »Die Frauen Zentralasiens mögen keine Wunden von Zähnen oder Fingernägeln, genießen aber Küsse und Liebesschläge. Die Frauen aus der Indusgegend lieben Verkehr von hinten und Ziehen an den Haaren, die von Simhala lieben verschiedenartige Stellungen beim Coitus. Die Schönheiten von Maharashtra, Strirajya und Kosala lieben Küssen und Umarmungen und mögen besonders gern die Unterstützung durch künstlichen Penis. Die Damen von Karnatik lieben Bisse und Kratzer, Verkehr in völliger Nacktheit, Kunstgriffe mit dem Penis, und sie sind begierig nach den Geschlechtsteilen des Mannes. Die Dravidinnen lieben Küsse, Ziehen an den Haaren, Drücken von Zunge und Brüsten, testes (?) und Schläge. Die Damen von Bengalen lieben vor allem Abwechslung bei den Stellungen des Coitus, Küsse und Umarmungen, lieben lange Küsse, haben sehr zarte Leiber und sind Pilgerfahrten und Prozessionen sehr zugetan. Die Mädchen von Nepal würden Schläge und rauhe Umarmungen nicht aushalten...« (Smaradipika.) Wie leicht läßt sich doch vorgehen bei so klaren Voraussetzungen!

14 Lienhards Lesart ist: »Durch Verkehr in umgekehrter Stellung.« Schmidts Manuskript hat eindeutig auparistena. Auparistaka im Vatsyayana ist der beiderseitige Genitalkuß. Eine Glosse im Ratirahasyadipika hat »auparistakam nama bhagacusanam« – das heißt »Kuß auf die Scham«. Einige Autoritäten wie das Smaradipika schreiben den Frauen von Sindh anstatt eines Geschmacks für adhomukharata einen solchen für den Coitus von hinten zu. Hierbei ist Verwechslung mit mukharata möglich, soixante-neuf.

15 premanibandhanaikanipuna: wahrscheinlich: »gewandt in den bandhas«. Es könnte sinngemäß heißen »geschickt in erotischer Fesselung«, ligotage, mekhalabandha, Binden ihres Liebhabers mit dem Gürtel und Herbeiführung eines erzwungenen Orgasmus, wenn er hilflos ist, als spöttische Strafe wie im Raghuvamsa, 17, und bei einer Terrakotta von Chandraketugarh (Ind. Archaeol. 1957–8,73b, c). Das ist wieder ein Bestandteil europäischer und amerikanischer »Albums«, wie er bei Vatsyayana, ebenso wie die Flagellation, fehlt. In Indien, ebenso in Italien, darf die Frau auch einmal die Stärkere sein. Es gibt einen italienischen Vers:
»In der Schlacht der Liebe
Bindest du sie wie Blumen,
Sie aber bindet dich wie einen Verräter.«
In der chinesischen und islamischen Erotologie ist gewöhnlich der Mann der Angreifer. Eine indische Version lautet »klug im Binden durch Liebeszauber«.

16 Dieser Bericht ist offensichtlich zusammengestellt und mitunter unzusammenhängend. Möglicherweise reflektieren die verschiedenen Versionen Geschmacksrichtungen in verschiedenen Perioden. Bei der Heiligkeit der Tradition ist Hinzufügung die einzige Art der Verbesserung, die sich ein Pandit gestatten würde. Der Zusatz über regionalen Geschmack an oralem Kontakt mit den Genitalien ist widersprüchlich, wie in den meisten erotischen Texten Indiens. Bei cusana, Küsse des Mannes auf das Geschlecht der Frau, werden den Bewohnern von Lata, schon vom Kama Sutra an, Küsse auf die Achselhöhle zugeschrieben. Vatsyayana widmet einen Abschnitt der oralen Geschlechtsbeziehung (auparistaka) – sie wird von femininen Eunuchen, Prostituierten und homosexuellen Freunden praktiziert. Einige Pandits verurteilen sie, während andere sagen: »Drei Münder sind rein, der des Kalbs, wenn er saugt, der des Hundes, wenn er jagt, der einer Frau, wenn sie liebt«. Von dem Gegenstück, also von Mann zu Frau, und von den gegenseitigen Geschlechtsküssen (kakila, mukharata) sagt er: »Für diese Art der Liebe werden manche Huren die Gesellschaft aufrechter, tüchtiger, edler und freigebiger Männer verlassen und mit Dienern anbändeln, niedrig geborenen Individuen, Elefantentreibern und so weiter.« Das Kandarpacudamani, die gereimte Version des Vatsyayana, drückt des Königs Virabhadras Mißbilligung der Praxis aus und nimmt sie nur aus Loyalität gegenüber dem Meister auf: »Wenn man nämlich eines anderen Buch herausgibt, ist man gebunden, bei einem eigenen Buch hingegen kann

man tun, was man will.« Wie wir sehen werden, weicht Kokkoka der Frage nett aus. Die späteren erotischen Autoren neigen weniger zur Verdammung. Smaradipika führt mukharata als bandha an, und das Ratimanjari gibt es als normale Vorbereitung bei einer sankhini an. Die allgemeine Zwiespältigkeit, regionale Hinzufügung, Ablehnung bei Oberklasse und Brahmanen, aber weit verbreitete Praxis, kommen dem Konflikt der Ansichten zwischen »gebildet« und Volkssitten in Europa nahe. Alle Formen des oralen Genitalkontaktes werden in den Tempelskulpturen begeistert gefeiert, besonder in jenen, die Tempelprostituierte darstellen sollen, wie in Konorak, oft in seltsam schwebender Haltung, wobei der Mann steht und die Frau umgekehrt dargestellt ist. Diese Betonung gibt fast mit Sicherheit die taostische Tantrik-Theorie von der Aufsaugung der weiblichen Kraft wieder, der »Medizin der Drei Berge« (Zunge, Brust und Vulva), in der chinesischen Alchemie (van Gulik, 1961). Die gesamte Theorie könnte eigentlich als Feststellung rückläufiger Mundpraxis angesehen werden. Der Grund dafür, daß dieser Gedanke in den erotischen Texten nicht erscheint, ist wohl der, daß ihr Stoff wahrscheinlich älter ist, als das Auftreten der Idee in Indien. Vatsyayanas eigenes Schlußwort verrät vernünftige Toleranz, im Gegensatz zur westlichen Literatur vor dem Auftreten der modernen Sexual-Psychologie. Er schließt nämlich, die Sache sei analog dem Essen von Hundefleisch. Es ist kein Laster, aber nicht jedermanns Sache. »Erst wenn du die örtliche Sitte, Alter, allgemeinen Brauch, die Literatur und dich selbst befragt hast, wirst du entscheiden können, welcher dieser Meinungen du folgen willst, und welcher nicht. Da die Geschmäcker verschieden sind und es sich um eine Privatsache handelt, wer könnte da festlegen, wer was, mit was und mit wem tun soll?« Die späteren Autoren fassen diese Techniken als Selbstverständlichkeit auf. Das Kokkokam setzt wieder sieben Arten von auparistaka bei der Frau aus dem Vatsyayana ein und empfiehlt dabei, daß das »Glied rasiert, parfümiert und Nachbar eines geziemenden Beutels sein sollte«, das Ratiratnapradipika (39–53) nennt mehrere Kußarten, die der Mann der Frau gibt.

17 Das ist tatsächlich Vatsyayanas Lehre. Einige Texte des Ratirahasya kehren die Prioritäten um (Sitte geht vor persönlicher Neigung). Lienhard führt beide Versionen nacheinander an.
18 nitambini, ein kavi-samaya oder homerisches Epitheton. Die nayika ist immer dickhintrig wie Athene eulenäugig war.

19 Bei den meisten Autoritäten heißt es »durchdringend, bohrend«, »schmiegen« ist Lienhards Vorschlag.
20 Das Ratimanjari gibt es als bhanda an, läßt aber den Mann die Frau umschlingen, vornehmlich liegend. Die stehende Umarmung tritt als bhanda in den Khajuraho-Riesen auf.
21 »Liebhaber, die sich vom Bett erhoben haben, trachten danach, daß ihre Herrin ihnen die weichen Arme um den Nacken legt und ihre Fußsohlen auf ihre eigenen Füße stellt – das ist eine besondere Art, um die Dämmerung zu küssen.« (Vasanta Vilasa.)
22 Padmasri (Nagarasarvasva) führt auch drei besondere Zungenküsse an – die Nadel (suci), wenn sie spitz in den Mund der Frau eingeführt wird, pratata, wenn sie innen wie ein Blatt ausgebreitet wird und kari, wenn man sie beben läßt. Im Gegensatz zu anderen Autoren unterscheidet er stimmhafte und stimmlose Küsse, wobei die stimmhafte Art mit den sitkrta (Liebesschreien) anderer Autoren korrespondiert.
23 »Der Fleck an deiner Lippe, das Halsband an deinem Nacken, der Hasensprung an deiner Brust – daran mag man sehen, o Schönheit, daß dein Liebhaber die Literatur des Gottes mit dem Blütenpfeil kennt!« (Ksemendra.)
24 »Die schönsten Fingernägel findet man beim Gauda-Volk (Bengali), die aber nicht kratzen, sondern nur mit ihnen berühren. Die Südländer, die richtig mit ihnen kratzen, haben kurze, starke Nägel, die für diesen Gebrauch passen.« (Yasodhara.)
25 »Wenn eine Frau ein derartiges Mal an intimer Stelle ihres Körpers sieht, wird eine alte Liebe plötzlich neu... Solche Male dürfen niemals bei der Verlobten eines anderen Mannes hinterlassen werden. Spezielle Male als Andenken oder zur Erhöhung der Leidenschaft sollten nur an bedeckten Körperstellen erteilt werden« (Vatsyayana) – gewöhnlich am »Gürtel-Pfad« oder unter dem Arm an der Tempelskulptur. »An sichtbaren Stellen wecken solche Male an einem schönen jungen Mädchen sogar bei einem völlig Fremden Wünsche.« (Kandarpacudamani.) Nagel- und Zahnmale spielen eine große Rolle im Fortgang indischer Geschichten, oft werden sie auf einem Blatt, einer Blume oder einem Brief gemacht und als Aphrodisiakum gesandt.
26 »Wenn der Mann sein Ziel nicht erreichen kann und er sie beißt oder kratzt, sollte sie es nicht dulden, sondern es ihm doppelt heimzahlen. Für den Fleck ist das Halsband die richtige Antwort, für das Halsband die Gebrochene Wolke. Sie sollte sich wehren und sich wütend stellen. Wenn er sie am Haar packt, sollte sie

ihren Mund auf seinen heften, wenn er sich ihr bietet, sich an ihn drücken und ihn, wie trunken vor Liebe, überall beißen. Wenn er seinen Kopf an ihre Brüste bettet und seinen Nacken hinhält, sollte sie ihm das Halsband beibringen und die anderen ihr bekannten Male.

Am nächsten Tag wird sie insgeheim lächeln, wenn sie sieht, daß ihr Liebhaber die Male von ihr öffentlich zur Schau trägt, aber sie wird zürnen und ihn schelten, wenn er ihr die Male an ihr selbst zeigt.

Zwei Leute, die über ihre gegenseitige Leidenschaft so verwirrt sind, werden ihre Liebe nicht verfallen sehen, nicht einmal in hundert Jahren!« Vatsyayana, Kama Sutra 5,12.

27 Nach dem Kokkokam sind es folgende:
karikara – mit dem zweiten, dritten und vierten Finger, Daumen und Zeigefinger geschlossen
kamayudha – mit dem mittleren und kleinen Finger zusammen mit dem Daumen
kamausadha – mit dem mittleren und kleinen Finger, verbunden in der Form des zunehmenden Mondes
madanankhusa – mit dem Ring- und Mittelfinger
manmathapataka – mit dem mittleren und kleinen Finger
stotra – nur mit dem kleinen Finger.

Die Vermeidung des Zeigefingers als zu grob ist ein Requisit, das noch kein westliches Ehebuch entdeckt zu haben scheint. Der indische Liebhaber benutzt üblicherweise mehr als einen Finger gleichzeitig, wobei er die Fingerspitzen aneinanderlegt. Padmasri gibt eine andere Reihe: karana (nur der Zeigefinger), kanaka (Zeige- hinter Mittelfinger), vikana (Mittel- hinter Zeigefinger), pataka (beide zusammen ausgestreckt), trisula (Zeige-, Mittel- und Ringfinger als Dreizack). Diese sind offensichtlich eher für vaginale als äußere Stimulationen bestimmt.

28 Mit dem gekrümmten Finger, »Einführung, bei einer völlig erfahrenen Frau, eines Fingers in die Vulva« (atipraudhastriyonyanguliyojanam) Sabdakalpadruma.

29 Der Vorhof, nicht die Clitoris.

30 «Wenn die Frau ihre Schenkel um ihren Liebhaber legt, so ist es ratipasa (Nase Ratis), sehr beliebt bei leidenschaftlichen Frauen.« (Smaradipika.) (Weckerle 1, VI.)

In Weckerles System werden all die verschiedenen Stellungen, die von der »üblichen« Stellung von Gesicht zu Gesicht abgeleitet werden, wie Heben oder Kreuzen des Beines usw., als Varianten behandelt. Diese Unterschiede machen aus den indischen bhandas eine große Zahl. Was aber die auffallenden Gefühlsunterschiede ausmacht, so erscheint hierbei der indische Standpunkt praktischer. Flanquette- und Cuissade-Stellungen (halb von vorn und halb von hinten, wobei ein Partner mit gespreizten Beinen über einem Bein des anderen liegt), scheinen im klassischen Sanskrit-Kanon überhaupt nicht vorzukommen, obwohl sie in Bildbüchern von Orissa häufig sind. Gewiß sind sie von indischen Liebhabern ebenso gern benutzt worden, wie heute von europäischen.

31 Bei der im Smaradipika angehenden Version kniet der Mann.
32 In anderen Lehrbüchern wird diese Art samapada, kakapada (Krähenfuß) oder nagapada (Elefantenfuß) genannt. »Sie soll bei einer taruni angewendet werden« (Pancasayaka).
33 Er ist »aufgespießt«, von hinten gesehen. Ihr ausgestrecktes Bein ist der Speerschaft und die Spitze, ihr anderer Fuß kommt an der Spitze seines Kopfes heraus. Es gibt mehrere dieser fast gleichartigen halbseitigen oder den Fuß hebenden Stellungen. Ein anderer Name für das ardhanapiditabandha ist venika (»der Mann legt einen der Füße der Frau an seine Brust, den anderen auf das Bett – diese Stellung sollte bei einer praudha angewendet werden« – Ananga Ranga). Sie wird auch upavitaka genannt (Pancasayaka). Andere überlieferte Stellungen sind viparitaka (ein Fuß vom Mann gehalten, der andere auf seiner Schulter – Smaradipika) und ekapada (ein Fuß gehalten vom Mann, der andere auf dem Boden, während sie ihre Arme um seinen Nacken geschlungen hält). Im Smaradipika ist es eine liegende – im Dinalapanika-Sukasaptati ist es eine stehende Haltung. »Wenn der Mann auf seinen Füßen steht und beide Füße der Frau hochhebt, ist es Kulisa (der Blitz)« Smaradipika. Traivikrama (der Dreifuß) ist im Ananga Ranga ein anderer Name für sulacitaka. Im Pancasayaka ist es eine andere, halb-stehende Stellung: »Der Mann steht auf seinen Füßen, stellt einen Fuß der Frau auf den Boden und hebt den anderen in seine Hand, während sie ihre Hände auf dem Boden ruhen läßt«, also ein nach hinten geneigter Handstand auf einem Fuß und zwei Händen, eine ziemlich schwierige Angelegenheit (Weckerle 238). Das Nagarasarvasva hat ein hanupadabandha, bei dem die Füße der Frau bis an ihr Kinn gehoben werden – im Ratimanjari heißt es utkantha, die Kehlstellung.
34 Die acht »fortgeschrittenen« Stellungen in diesem Abschnitt scheinen aus den Übungen des Hatha Yoga zu stammen. Die Erwähnung der Schildkrötenstellung (kaurma) bringt einige Schwierig-

keiten mit sich. Diese komplizierten handhas kommen bei Vatsyayana nicht vor. Karuma wird hier als liegendes bandha (uttana) angegeben, in allen anderen Lehrbüchern erscheint es aber als upavista (sitzend). Die einfachste Auslegung ist die (Ar.El modakhali), welche in einigen indischen Bildern gezeigt wird, auf den Konarak-Rädern und auf Tempelreliefs, die mit der Definition übereinstimmen, »Mund auf Mund, Arm an Arm, Bein an Bein« (Weckerle 99). Doch die Grundstellung für das phanipasaka bandha ist die ganz andersartige Stellung des Hatha-Yogas, bekannt als Schildkröte (uttanakaurmakasana). Dabei werden die Arme unter den Knien hindurchgeführt und um den Nacken gelegt, aber mit in padmasana gekreuzten Beinen.

Ananga Ranga und Kamapradobha geben drei Stellungen an, alle upavista:

1 bhandurita (»gebunden«), dabei strecken beide Partner die Arme unter den Knien hindurch und legen sie um den eigenen Nacken.
2 phanipasa – unklar, aber wahrscheinlich legen sie sich die Arme gegenseitig um den Nacken. Lienhards Text des Ratirahasya nennt diese Version phanipasa (ka). Das Smaradipika hat ein nagapasaka-bandha, bei dem »nur der Mann seine Arme unter den Knien hindurchsteckt und um den Nacken des Mädchens legt«.
3 kaurmaka – beschrieben als »Mund an Mund, Arm an Arm, Bein an Bein. Daraus wird parivartita, wenn die Frau ihre Beine aufstellt«.

Dinalapanika-Sukasaptati hat, um die Sache noch weiter zu vereinfachen, ein andere kurma (ghanakumabandha) oder geschlossene Schildkrötenstellung, »wenn der Mann beide Füße an die Brüste des Mädchens legt und ihre beiden Füße auf seine Schultern, während sie sich an den Händen halten« – tatsächlich eine geschlossene und sitzende Version der vertrauteren europäischen Stellung, bei der die Frau mit gespreizten Beinen sitzt, beide Partner sich dann zurücklegen, bis sie flach ruhen, Pubis an Pubis, die Füße des Mannes an den Brüsten der Frau und ihre Füße auf seinen Schultern (Weckerle 6,12). Das wiederum kommt dem näher, was das D.S. als devabandha bezeichnet, wo jeder Partner die Füße an die Brust des anderen legt. Sie stützen sich seitlich. Aber es wird auch im Ratirahasya als kaurma erwähnt.

Die Bezeichnungen der bandhas sind nicht nur widerspruchsvoll, sie haben auch nicht immer Beziehung zu den Yoga-Asanas gleichen Namens. Im D. S. gibt es ein kukkutabandha mit dem schwierigen asana dieses Namens (der Mann liegt auf dem Rücken, die Frau sitzt auf ihm in padmasana, stützt sich auf ihre Hände, die sie durch ihre zusammengeklappten Schenkel hindurchführt, wie die Füße eines Hahns – und das hamsalilakabandha erfordert, daß die Frau in dhanurasana liegt, aber der mayura (Pfau) und matsya (Fisch) haben nichts mit ähnlichen Bezeichnungen der Yoga-Asanas zu schaffen, der erste beschreibt einen Tanzschritt und der zweite das Aussehen des bandhas.

35 Im Kommentar zum Kama Sutra heißt es: »Wenn sie seinen Rücken umfaßt, während er den Oberkörper abwendet«, – nach Einschiebung in die vorausgehende Stellung.

36 Jeder streckt das gleiche Bein aus (das rechte oder linke) und schließt das andere hinter des Partners Rücken (Ratirahasyapidika).

37 Sie sitzt oder kniet mit gespreizten Beinen auf seinem Schoß – er stützt sich mit ausgestreckten Beinen nach hinten auf seine Hände und hebt sich vom Boden (Weckerle 118). Die populärste Sitzstellung (die Frau mit gespreizten Beinen, Beine an der Taille), Sitzform des avalamnitaka-bandha, die folgt, im Ananga Ranga kirti genannt, der Ruhm (Ar.Dok El-arz) fehlt hier, erscheint aber in den Rad-Dekorationen von Konarak und im Nagarasarvasva, wo es lalitabandha heißt. Weit bemerkenswerter als die Aufzählung ungewöhnlicher Stellungen ist der Ausschluß der zu alltäglichen. Das Fehlen aller Flanquette- und Cuissadehaltungen ist bereits vermerkt worden. Umgekehrte Sitzhaltungen kommen nur bei Skulpturen und Bildern vor, in Texten nur im Dinalapanika-Sukasaptati.

38 Oder möglicherweise, »wenn (von der letzten Position) sie ein Bein vertikal erhebt« – also ein Bein über seinen Arm, das andere direkt nach oben. Besonders ist es für eine taruni geeignet, sagt das Ananga Ranga. Die Beziehung liegt dabei in den Schritten Vishnus (hari), als er das Universum umschritt. Er wird gewöhnlich auf einem Fuße stehend abgebildet, während er den anderen über sein Haupt hebt.

39 Sthita-bandhas sind, wahrscheinlich aus Darstellungsgründen, bei weitem die üblichsten citrarata oder »Bild-Stellungen« in der Tempelkunst. Die meisten Coitus-Darstellungen echter maithunas sind in Indien von dieser Art (wenn auch nicht in Nepal), eine Ausnahme bilden halb stehende vyanata Haltungen. Andere kommen hauptsächlich in den Friesen von Kaula-inspirierten Tempeln vor,

sie sind aber nicht eigentlich maithunas, oder auf Paneelen wie denen von Konarak und dem Brahmesvara Tempel von Bhubaneswar, ebenso auf den Radbuckeln von Konarak. Diese enthalten sowohl asitaka wie umgekehrte Positionen, die in den erotischen Texten nicht vorkommen.

Immerhin ist es seltsam, daß Einzelheiten über citrarata in den erotischen Lehrbüchern fehlen bei der großen Zahl auf den Skulpturen üblicher bandhas. Die Abweichungen können nicht willkürlich sein, weil die ausgelassenen Stellungen in den verschiedenen Tempeln ständig wiederkehren. Es ist nicht möglich, von den Lehrbüchern her die üblichen bandhas in der Ikonographie zu benennen, wie man es bei mudras oder asanas kann. Tatsächlich sind sie auf den Friesen (wenn wir Mundpraktiken ausschließen, über die alle Bücher schweigen, und feststehende tours-de-force wie das mystische bandha, das die Gottheit aus dem Mittelstück vom Khajuraho-Fries verdrängt hat) bei den erotischen Meisterwerken viel leichter zu identifizieren als bei den eigentlichen maithunas. Möglicherweise ist es eine Sache der Chronologie, oder die Lehrbücher können dadurch beeinflußt und abgeändert worden sein, daß sie als Anleitungen für die weltliche Praxis des Coitus benutzt wurden. Die Unterschiede wären nicht bemerkenswert, wenn es nicht um den Eifer ginge, mit dem die Hindukunst gewöhnlich an der Spezifikation festhält. Weltliche Dichter wurden streng kritisiert, weil sie Umarmungen von Liebhabern beschrieben, die nicht den Regeln der klassischen Erotologie entsprachen. Eine beliebte maithuna-Stellung (ein sthita-yugmapadabandha, es hat wohl keinen Namen) ist schwierig, aber weder es selbst noch die anderen Varianten können wegen ihrer Schwierigkeit ausgeschlossen worden sein, wenn man bedenkt, was alles hier gebracht wird. Der wahrscheinlichste Grund ist also der, daß der Stoff der Lehrbücher zeitlich vor dem Mahayana und dem sexuellen Mystizismus der Tantras liegt. Darin gibt es keinen Bezug auf durch den Coitus erhältliche geistige Kräfte oder auf den wichtigsten Grundsatz dieser Mystiker: die Erhaltung des Samens und die Aufsaugung der weiblichen Kraft. Die Tantrik-Bild-Stellungen mögen Teil des Rüstzeugs zur Vermeidung der Ejakulation sein, viele sind es offensichtlich, wie Filmküsse, die zum Ansehen und nicht zum Erleben da sind.

40 Sie sollte auch abwechselnd ihre Beine hochziehen und ausstrekken, gemäß dem Dinalapanika-Sukasaptati, das all die anderen, wenig unterschiedlichen Tierbandhas näher angibt.

41 Nagarasarvasvra hat vyaghravskanda, den Tigersprung – die Frau liegt auf dem Gesicht, hält ihre Fußknöchel hinter sich (dhanurasana) und der Mann kniet, wobei er ihre Schenkel an seine Knie hebt und ihre Taille faßt. Der Name besagt »niedergebrochener Vierfüßler, dem ein Tiger auf der Mitte des Rückgrats hockt«.
42 Vatsyayana erklärt, daß es »Sitte in Strirajya, Gramanari und Balh ist, wo mehrere junge Männer eine einzige Frau gemeinsam haben«.
43 Diese »anderen Bücher« enthalten das Kama Sutra selbst. Vatsyayana hat einen Abschnitt den Bewegungen des Mannes gewidmet (purusopasrptaka) wie folgt (auch Ratiratnapradipika): »Direktes Eindringen heißt upasrptaka. Wenn der Mann seinen Penis in die Hand nimmt und ihm eine drehende Bewegung gibt, so ist es mundhana (buttern). Wenn er seine Pubis senkt und aufwärts stößt, ist es der Stich (hula). Der umgekehrte Stoß von oben nach unten, sehr kräftig ausgeführt, ist der Reiber (avamardana). Wenn er tief eindringt und einen langen ständigen Druck nach vorn unterhält, ist es piditaka (der Druckstoß). Wenn er weit zurückzieht und dann mit scharfem Stoß zurückkehrt, ist es nirghata (der Windstoß). Ein mächtiger Stoß nach einer Seite ist vaharaghata (der Keilerstoß), dasselbe abwechselnd nach jeder Seite ist der Ochsenstoß (vrsaghata). Drei oder vier scharfe Stöße ohne Zurückzieher dazwischen ergeben das Sperlingsspiel (charakavilasita). Schließlich samputa – die Aktion, die ›das Ende der Lust‹ heißt.« Samputa ist als bandha schon erklärt worden. Yasodhara sagt, »das Ende der Lust« bedeute »einen Weg, den Orgasmus zurückzuhalten«, da es hier aber bald als die beste Art für den Mann zitiert wird, den Verkehr zu beenden, nachdem die Frau in purusayita den Orgasmus erlangt hat, scheint Kokkoka es als »die Schlußstellung« zu deuten.

Bei diesen Bewegungen führt der Mann und die Frau folgt. Bewegungen, bei denen sie führt (stripasptaka), werden bei der Methode purusayita benutzt – bhramara, prenkolita, im nächsten Abschnitt beschrieben – zu dem Vatsyayana samdamsa (»die Klammer«) hinzufügt, eine Version von dem, was Kokkoka vadavaka nennt, le pompoir oder Stutencoitus, ausgeführt mit den inneren Muskeln ohne Bewegung der Schenkel.
44 Vermutlich ein künstlicher Phallus (apadravya). Yasodhara erklärt nüchtern die Einbeziehung von Arbeiten mit Metall und Weben unter den Nebenkünsten, die das Kama Sutra für eine freie weibliche Erziehung bei der Notwendigkeit, solche Geräte herzu-

stellen, beschreibt. Die bei Vatsyayana aufgeführten enthalten sowohl Dildos als auch Penis-Prothesen (Ringe, Scheiden und Erektionshalter ähnlich dem modernen japanischen kabutogata). Sie waren für die Befriedigung sehr anspruchsvoller Frauen da, sollten bei der »hohen« Art des Coitus Mißverhältnisse ausschalten und von Königen verwendet werden, die bei ihren Verpflichtungen in einem zahlreichen Harem ihre Kräfte im Exzeß vergeuden mußten. In gewissen Distrikten waren sie aber auch populär. Unter derselben Überschrift erwähnt Vatsyayana die veschiedenen Formen von ampallang und das Durchbohren der Eichel, um sie anzupassen, eine Sitte, die jetzt praktisch auf Malaien und Kayans beschränkt ist.

45 »Höre, Freund, die Geschichte meines närrischen Liebhabers. Als ich bei der letzten Ekstase die Augen schloß, dachte er, ich wäre tot, bekam Angst und ließ mich los!« (Kuttani-mata).

»Mit einer Gänsehaut auf ihren Brüsten, zerdrückt durch die feste Umarmung, das Tuch an ihrem schönen Hintern feucht von klebrigem Liebessaft, jämmerlich stammelnd: ›Nein, nein, Liebling – genug!‹ Ist sie eingeschlafen oder tot oder ist sie in mein Herz entschwunden?« (Vasanta Vilasa).

46 Diese Varianten sind keine bandhas, sondern bloß Bewegungen. Die entsprechende Kehrseiten-Stellung, wie sie in Konarak und auf Terrakottas von Chandraketugarh (Ind. Archaeol. 1957–8,73c) abgebildet ist, die Frau mit gespreizten Beinen und dem Gesicht zu Füßen des Mannes, scheint in der erotischen Literatur Indiens zu fehlen, obwohl markatika (gegeben von oben) ähnlich ist. Dinalapanika Sukasaptati gibt andere Stellungen von purusayita an: kukkuta, matsya (Fisch), (der Mann liegt ausgestreckt, die Frau dicht an ihm mit ihren Füßen auf seinen Beinen und mit fest an seine Brust gedrücktem Busen«), hamsa (wobei der Mann halb aufgerichtet auf den zusammengelegten Füßen der Frau sitzt), dolita (Flügel), wobei er die Füße bis an die Brust zieht, und sie mit ihrem Bauch an seinen Fußsohlen liegt, von ihnen erhoben und geschaukelt, »während sie sich an den Händen halten und sie vorgibt, Angst zu haben.« Die anderen Stellungen sind obskur, aber in einer (jvalamuha) liegt er auf dem Boden, die Füße auf der Bettkante über ihm ruhend, während sie mit gespreizten Beinen vor ihm steht. Er benutzt dann eine Blüte (den lustigen Lotus, lilakamala) und kitzelt sie damit an den Stellen, die normalerweise Küssen vorbehalten sind. Wenn er sich in der üblichen purusayita Stellung »aufsetzt und die Spitzen ihrer Brüste küßt, ist

es ghattita (der Verschluß), und wenn er sich nach hinten legt, während sie seine Fersen mit den Händen hebt, ist es udghattita (die Öffnung).«

Smaradipika gibt nur zwei Stellungen an: »Wenn die Frau flach auf den beiden Schenkeln des Mannes liegt, ihre Füße (hinter sich) mit beiden Händen hält und kräftig ihre Hüften bewegt, so ist das hamsalilaka (das Enten- oder Schwanenspiel). Wenn sie rittlings auf dem Penis sitzt, mit beiden Fußsohlen auf dem Boden und den Händen über ihren Brüsten, ist es der Spielsitz (lilasana).«

47 Wahrscheinlich bewegt sie nur ihre Pelvis. Dinalapanika-Sukasaptati hat eine energischere »Rad-Stellung« (Cakrabandha), bei der sie sich am Penis wie an einer Achse dreht, mit dem Gesicht auf dem auf dem Rücken liegenden Mann, und flott mit den Händen arbeitet. Drehstellungen dieser Art kommen sowohl in der chinesischen als auch in der europäischen erotischen Gymnastik vor, wegen anderer siehe Weckerle 52, 150, 182, 199, 206, 333, 372, 386, 413, 453, 490.

48 »stößt« – tadanam. Wahrscheinlich bezieht es sich auf prahanana, da es mit sitkrta verbunden ist, aber das Wort ist üblich für die Bewegungen beim Verkehr. Ananga Ranga nennt vier Stöße der Frau: mit der Faust auf die Brust (santanita), mit der flachen Hand (pataka), nur mit dem Daumen (bindumala) und mit dem Winkel aus Daumen und Zeigefinger (kundala). Dieser ist besonders erregend.

49 Das Risiko dabei ist, daß sie in dieser Stellung empfängt und der Foetus nicht wissen wird, ob er eine männliche oder weibliche Rolle annehmen soll (Yasodhara). Die mrgi kann den Mann beleidigen – die anderen laufen Gefahr, sich selbst zu verletzen.

50 Der Ruf sit: dieser Laut ist die besonders charakteristische Beantwortung einer erotischen Berührung, ein Keuchen mit fast geschlossenen Zähnen. Der »Donnerlaut« ist ein erschauerndes ausatmendes Keuchen. Die anderen sprechen für sich selbst. Ratiratnapradipika klassifiziert diese Laute nach dem Affekt, den sie anzeigen, ein höchst wichtiger praktischer Punkt, also das Anzeigen von »Schmerz, Hilflosigkeit oder Unterwerfung, Verlangen, Aggression«. Einige Damen rufen »Mutter!«, wie Vatsyayana uns erinnert. Die Frau des »Leopard« in Lampedusas Roman bringt ihn im kritischen Moment immer außer Fassung durch den Ruf »Jesus-Maria«. Diesen Dingen sollte nachgegangen werden, wo nun das Tonbandgerät es gestattet, Emotionen in Ruhe festzuhalten.

51 kokila – der Koel, Eudynamys scolopacea. Die Stimme besteht aus einer Reihe weiblicher Stammellaute mit steigendem Grundton im Verlauf des Gesanges.

52 »Sitkrta ist völlig in Ordnung, sogar wenn keine Schläge ausgeteilt werden« (Ratirahasya dipika). In Amerika kann man nun eine Langspielplatte mit diesen attraktiven Tönen kaufen. Sie scheinen sich sehr wenig geändert zu haben. Die indische Literatur bezieht sich oft auf sie, und auch darauf, welche Vögel sie nachahmen können, besonders Papageien und Mynahs, die am besten im Dunkeln lernen.

53 »Es gibt viererlei Schläge: mit der hohlen Hand, der Faust, mit dem Rücken der Hand, mit der Handfläche, vier Arten also. Und zwar auf folgende Stellen: mit der flachen Hand auf die Seiten und Genitalien, mit der Faust auf den Rücken, dann auf Kopf und Gesicht mit der hohlen Hand, die wie eine Schlangenhaube gehalten wird, und aufs Herz mit dem Handrücken. Wenn die Frau verletzt ist und ihren Mann mit der Faust auf die Brust trifft, wird es von den Kennern als samtanika bezeichnet. Wenn sie ihn beim Verkehr mit der flachen Hand schlägt, ist es pataka. Ein Schlag mit dem Daumen allein ist bindu (der Fleck). Wenn die Frau in äußerster Leidenschaft langsam mit Daumen und Mittelfinger zusammen schlägt (sticht?), ist es kundala (das Ornament).« Ananga Ranga.

54 Die »Schere«, »der Keil«, »die Nadel« usw. sind mudras oder Handstellungen, die beim Schlagen benutzt werden. Sie werden von Yasodhara beschrieben, von Vatsyayana abgelehnt, und zwar wegen einer Anzahl von Unfällen, die ihnen zu verdanken sind: »Bei den Mädchen des Südens kann man das Mal auf der Brust sehen, das der ›Keil‹ hinterlassen hat... das ist eine barbarische Praxis, die aufgegeben werden sollte«, sagt Vatsyayana. »Sie ist auch gefährlich. Mit dem ›Keil‹ tötete der König von Kola zufällig die Hetäre Citrasena im Liebesspiel. Kuntala Satakarini tötete Königin Malayavati ebenso mit der ›Schere‹, während Naradeva, er hatte eine gelähmte Hand, einem Tanzmädchen ein Auge ausstach, weil er bei der ›Nadel‹ sein Ziel verfehlte.« (Kama Sutra.)

Ein seltsames Ergebnis dieser Textstelle ist, daß die Übersetzung von Burton-Arbuthnot annahm, Stöße oder Schläge mit den Fingern könnten kaum so schlimme Wirkungen haben. Die Bezeichnungen mußten sich deswegen ihrer Meinung nach auf Tischlerwerkzeuge beziehen. So überschrieben sie die Stelle »Schläge mit Instrumenten«. Yasodhara stellt die Sache völlig klar. »Beim

Beginn des Verkehrs umarmte der König von Kola Citrasena so heftig, daß sie zermalmt wurde, denn sie hatte einen sehr zarten, feinen Körper. Obwohl er es wußte, versetzte er der Zerbrechlichen in seiner blinden Leidenschaft einen heftigen Stoß mit dem »Keil« an die Brust, ohne zu merken, wie stark er gestoßen hatte. Und so tötete er sie.« Satakarni war beim Anblick der Königin in ihrem Festgewand so in Leidenschaft entflammt, als sie nach langer Krankheit erstmals auf einem Fest erschien, daß er ihren schlechten Gesundheitszustand vergaß. Der plötzliche Tod nach heftigen Schlägen an die Brust, wenn sie mit den Spitzen des Daumens und zweier daran gelegter Finger erteilt werden, erscheint in diesen beiden Fällen völlig plausibel. Das unmäßige und sadistische Empfinden der Südländer wird in den erotischen Sanskritschriften oft verurteilt, aber der Gedanke an »Instrumente«, die für Liebesschläge benutzt worden seien, erscheint wie ein purer Unsinn. Wie zu erwarten, unterschlägt das Kokkokam diese Schmähung den Tamil-Lesern und hat statt dessen die Leseart: »Aber die übersexuellen Frauen von Pandya geben eine harte Nuß zu knacken. Man kann mit steinernen Bällen an ihre Brüste klopfen und doch nichts erreichen.«

55 Bei Vatsyayana gibt es einen Abschnitt über das Ende des Verkehrs, der es um seiner selbst willen wert ist, hier angefügt zu werden, gewissermaßen als Vignette: »Wenn beide befriedigt sind, werden sie plötzlich verlegen sein. Sie werden sich getrennt waschen gehen, ohne einander anzusehen, als ob sie Fremde wären. Wenn sie zurückkommen, wird ihre Verwirrung vergangen sein. Sie werden wieder dasitzen wie zuvor, Seite an Seite, und Betel nehmen. Er wird Sandelholz oder zartes Öl in ihre Haut reiben. Indem er den linken Arm um sie legt, sollte er ihr beim Trinken den Becher halten, während sie angenehm miteinander plaudern. Sie werden Wasser oder Scherbet trinken, oder was ihnen sonst einfällt oder die Gewohnheit eingibt. Fruchtsaft, Suppen, saure Reisbrühe, geröstetes Fleisch, Mango, getrocknetes Fleisch, Zitronensaft mit Zucker, je nach Landessitte. Er wird die Gerichte kosten und ihr sagen, welche süß, welche mild und welche einfach sind. Oder sie werden sich auf dem Dach ins Mondlicht setzen, und er wird ein passendes Gespräch mit ihr führen. Wenn sie in seinem Schoß liegt, wird er ihr die Sternenbilder beim Namen nennen und ihr das Kreuz des Südens zeigen, den Polarstern und die Krone der sieben Sterne im Großen Bären. So beschließt man den Geschlechtsverkehr.« (Kama Sutra).

56 Vatsyayana beschreibt auch die Art, wie ein Mädchen ohne Verwandte, die für sie handeln können, selbst einen Gatten finden kann.
57 Karyesu dasi karnesu mantri
rupe ka Laksmi ksamaya dharitri
sneha ka mata sayanesu vesya
sadkarma yukta kila dharma patni.

In der Arbeit ein Diener, im Gespräch ein Weiser, in Schönheit wie Lakshmi, in Ausdauer wie die Erde, in Fürsorge eine Mutter, im Bett eine Hure – diese sechs Pflichten, heißt es, seien die eines Weibes. (Sanskrit Sprichwort.)

58 Vatsyayana gibt es als eine der Pflichten eines vernächlässigten Weibes (durbhaga) an, privat herauszufinden, ob ihr Gatte eine andere Frau liebt, und sie, wenn ja, taktvoll zusammenzubringen. Wir könnten es in gleicher Weise als die Pflicht des Gatten betrachten, und zwar bei einer virakta, einer Ehefrau, die sich nicht um ihn kümmert.
59 Fremd im biblischen Sinn, also eine, die nicht die eigene ist (svakiya). Sie kann eines anderen Ehefrau (parakiya) oder öffentliches Eigentum (sadharani) sein. Die Ehebrecherin kann von sechserlei Art sein: schlau, leichtsinnig, unverschämt, bekümmert, gut bewacht oder schlampig (vidagha, mudita, anusayana, laksita, gupta, kulata) und es gibt mindestens neun Arten von Huren. Bei weiterer Unterteilung nach Alter und Situation hat Schmidt errechnet, daß es 384 mögliche Kategorien von nayika gab, eigene Frauen eingeschlossen, ohne die Körpertypen (mrgi, padmini usw.) oder sattvas. Die amerikanischen Soziologen, die eheliche Verträglichkeit für die Voraussage im Computer programmiert haben, könnten eine moderne Verwendung für dieses System finden, wie sie seine Autoren nicht voraussehen konnten.
60 Aber ein Mann kann mit seines Gurus Frau auf des Gurus Verlangen ein Kind zeugen. In alten Zeiten mußte er es tatsächlich tun. So verlangte Uddalaka von einem Schüler, ihm einen Sohn zu zeugen, und er erhielt Svetaketu. (Mahabharata XII,34.) Was Könige anbelangt, so wollte König Galava seinem Guru ein Geschenk machen und borgte eine schöne Prinzessin aus. Er zeugte mit ihr eine Anzahl Könige ohne Erbe. Dann schenkte er sie mit den Sprößlingen seinem Lehrer Visvamitra. Er erhielt einen Tadel für seine Mühe:»Warum hast du sie nicht vorher zu mir gebracht? Ich hätte alle vier Söhne erzeugt!«Schließlich wurde die Dame ihrem Gatten zurückgegeben, der durch ihr Ausleihen Erlösung gesucht

hatte. Das geschah, es muß nicht betont werden, lange vor Vatsyayana (Mahabharata V.114-9.)
61 Nicht nur aus ästhetischen Gründen. Sie kann sich sehr leicht als Hexe (yogini) herausstellen und ihren Liebhaber töten.
62 In einigen Teilen Indiens ist sexuelle Beziehung zwischen Schwägerin und ihres Gatten jüngerem Bruder (dewar) gesellschaftlich akzeptabel. In der Überlieferung spielt sie eine große Rolle. Siehe S. Hival (1943) »Man in India«, 23, 159-167. Das ist wohl die letzte Spur brüderlicher Vielmännerei um Mahabharata. Hingegen ist der ältere Schwager strikt tabu.
63 Sollte es nicht den gewünschten Ausgang nehmen, kannst du gemeint haben: »Bitte, pflege mich, denn die Erregung über deinen Besuch hat meine Krankheit verschlimmert.« Der indische Liebhaber ist kaum voreilig bei seinen Geständnissen.
64 Aber es ist glückbringend, einen Tempel zu erbauen. Eine Funktion der maithuna-Gruppe, wie sie von den Acharyas für Tempeltore vorgeschrieben wird, ist die, die Gegenwart dieses Mana eines erfolgreich angewandten Werbens zu sichern.
65 Entweder will sie den Verführer selbst verführen, oder sie wird eine Kupplerin sein, die zweispurig handelt. Erst erregt sie die Frau und findet dann einen Liebhaber für sie.
66 mudgha (»Zittern«). Ein junges Mädchen ohne sexuelle Erfahrung im Gegensatz zu einer praudha, pragalbha, einer reifen Frau. Hier eine gesonderte Kategorie von duti. Nach Vatsyayana sät sie Mißstimmung zwischen Frau und Mann. Sie bringt sich selbst Male mit den Fingernägeln an sichtbarer Stelle an, damit die Frau sie sieht. Dieser Typ von duti ist vielleicht der einzige in unserer eigenen Kultur allgemein vorhanden.

Eine indische Übersetzung, die ich gesehen habe, macht sie zu einem Doppelagenten. Sie wird benutzt von dem Verführer, um seine Herrin herumzubekommen, aber von der Frau des Verführers bestochen, Andeutungen fallenzulassen, sich taktlos zu betragen und das ganze Komplott dem geschädigten Gatten zu verraten.

Zu den Tafeln

1 BACCHANTISCHE GRUPPE
Aus der Zeit stammend, in der das klassische Liebeswerk, das Kama Sutra, entstand, ist diese Plastik aus rotem Sandstein noch nicht näher gedeutet. Indian National Museum, Delhi. 2. Jh. n. Chr.

2 LIEBESPAAR (MAITHUNA)
Diese Felsskulptur an der Stirnwand der Caityahalle von Karli bildet die Brücke von der Strenge der archaischen Epoche Indiens zur gelösteren klassischen Form, 2. Jh. n. Chr. Die glückverheißenden Maithunas finden sich oft in der indischen Kunst. Siehe auch Tafel 5.

3 TÄNZERIN AUS KARLI
Reizvoll ist ein Vergleich dieser Skulptur aus dem 2. Jh. (Kama Sutra) mit den Plastiken des 7.–12. Jh. (Koka Shastra). Siehe Tafeln 5–8.

4 PARASHURAMESHVARA-TEMPEL
Der aus Sandstein ohne Mörtel (mit Eisenklammern zusammenhaltend) um 750 n. Chr. erbaute Tempel in Bhuvaneshvara ist ein typisches Beispiel der ›maskulinen‹ Tempelbauweise des mittelalterlichen Indien. Mit seiner phallischen Form ragt er 15 m hoch in den Himmel. Dagegen zeigt das berühmte Taj Mahal in seiner, der weiblichen Brust nachgebildeten Kuppel ›feminine‹ Züge.

5 SICH UMARMENDES PAAR
Köpfe eines der zahlreichen Paare, die die berühmten Tempel von Khajuraho zieren. 1000 n. Chr.

6 FLIEGENDES GÖTTERPAAR
Sandsteinrelief aus Aihole, 6. Jh. n. Chr. Noch zeigt sich nicht jene Unbekümmertheit des 10.–13. Jh., in denen die Darstellung erotischer Szenen ihren Höhepunkt erreichte. Siehe Tafeln 7 und 8.

7 EKSTATISCHE TÄNZERINNEN
Aus der südlichen Wand des jainistischen Adinatha-Tempels von Khajuraho, 1000 n. Chr. Die Surasundaris stehen vor den Vorsprüngen der Wand, in den Nischen phantastische Ungeheuer, auf denen Menschen reiten (shardulas).

8 EROTISCHE DARSTELLUNGEN
Die Wände des Mahadeo-Tempels in Khajuraho sind mit erotischen Skulpturen geradezu übersät und zeigen die Einstellung des Inders zur Erotik zur Zeit des Koka Shastra.

Bitte beachten Sie
die folgenden Seiten:

Alex
Comfort

Joy of Sex –
Freude am Sex
Ullstein Buch 20148

More Joy of Sex –
Noch mehr Freude
am Sex
Ullstein Buch 20200

»Der Millionenerfolg ist kein
Zufall. Comfort drückt sich
nicht herum, benutzt eine
klare Sprache, schreibt mit
Intelligenz.« (Stern)

Ullstein

Sam Keen

Königreiche der Liebe

Die sieben Stufen
der Ekstase

Ullstein Buch 34945

Sam Keen, der unbestechliche Beobachter neuer gesellschaftlicher Bewegungen, hat einen Reisebericht vom Paradies auf Erden geschrieben. Er erkannte, daß die verschiedenen Philosophien im Hinblick auf Leben und Sexualität annähernd mit jenen Bewußtseinsstufen übereinstimmen, die im Tantra als die sieben Chakras oder Zentren im menschlichen Körper bezeichnet werden: »Ich war auf eine Landkarte der Liebe gestoßen.«
Angesiedelt zwischen Alex Comforts »Joy of Sex« und Erich Fromms »Die Kunst des Liebens« könnte dieses Buch zum Kultbuch avancieren.

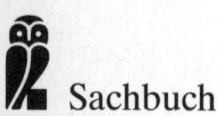

Sachbuch